Dendê: símbolo e sabor da Bahia

Dados Internacionais de Catalogação na Publicação (CIP)
(Câmara Brasileira do Livro, SP, Brasil)

Dendê: símbolo e sabor da Bahia / Raul Lody (organizador).
– São Paulo : Editora Senac São Paulo, 2009.

Bibliografia.
ISBN 978-85-7359-858-2

1. Culinária (Dendê) – Aspectos religiosos – Candomblé 2.
Dendê – Aspectos religiosos – Candomblé 3. Dendê – Cultivo
I. Lody, Raul.

09-05645   CDD-641.567967

Índice para catálogo sistemático:
1. Dendê : Receitas : Culinária   641.567967

Dendê: símbolo e sabor da Bahia

Raul Lody
(ORGANIZADOR)

ADMINISTRAÇÃO REGIONAL DO SENAC NO ESTADO DE SÃO PAULO
Presidente do Conselho Regional: Abram Szajman
Diretor do Departamento Regional: Luiz Francisco de A. Salgado
Superintendente Universitário e de Desenvolvimento: Luiz Carlos Dourado

EDITORA SENAC SÃO PAULO
Conselho Editorial: Luiz Francisco de A. Salgado
Luiz Carlos Dourado
Darcio Sayad Maia
Lucila Mara Sbrana Sciotti
Marcus Vinicius Barili Alves

Editor: Marcus Vinicius Barili Alves (vinicius@sp.senac.br)

Coordenação de Prospecção e Produção Editorial: Isabel M. M. Alexandre (ialexand@sp.senac.br)
Supervisão de Produção Editorial: Izilda de Oliveira Pereira (ipereira@sp.senac.br)

Edição de Texto: Pedro Barros
Preparação de Texto: Alexandra Costa da Fonseca
Colaboradores: Jorge Sabino e Carla Pimentel
Revisão de Texto: Izilda de Oliveira Pereira, Luiza Elena Luchini, Sandra Regina Fernandes
Projeto Gráfico e Editoração Eletrônica: RW3 Design
Ilustração de Capa: Esculturas em madeira que representam os orixás
gêmeos da fertilidade e comidas do cardápio africano, foto de Marisa Vianna
Impressão e Acabamento: Rettec Artes Gráficas

Gerência Comercial: Marcus Vinicius Barili Alves (vinicius@sp.senac.br)
Supervisão de Vendas: Rubens Gonçalves Folha (rfolha@sp.senac.br)
Coordenação Administrativa: Carlos Alberto Alves (calves@sp.senac.br)

Proibida a reprodução sem autorização expressa.
Todos os direitos desta edição reservados à
Editora Senac São Paulo
Rua Rui Barbosa, 377 – 1º andar – Bela Vista – CEP 01326-010
Caixa Postal 1120 – CEP 01032-970 – São Paulo – SP
Tel. (11) 2187-4450 – Fax (11) 2187-4486
E-mail: editora@sp.senac.br
Home page: http://www.editorasenacsp.com.br

© Os autores, 2009

Sumário

7 Nota do editor

9 Dendê: bom de comer, de ver e de significar a matriz africana no Brasil
RAUL LODY

25 Dendê: aspectos botânicos, agronômicos, ecológicos e econômicos
HERMANO PEIXOTO OLIVEIRA

53 Aspectos tecnológicos e nutricionais do dendê ou óleo de palma (*Elaeis guineensis*)
DEUSDÉLIA TEIXEIRA DE ALMEIDA

81 Acarajé, dendê, modernidade e tradição no contexto soteropolitano
LIGIA AMPARO DA SILVA SANTOS

93 Os sabores de Maria: dendê e a tradicional cozinha baiana
LUIS DOMINGOS

101 Dendê e a nova cozinha baiana
BETO PIMENTEL

113 Cardápios dos orixás
ELMO ALVES

129 Outras receitas

145 Sobre os autores

Nota do editor

É surpreendente quanto um ingrediente da culinária tradicional de um país carrega da rica história de um povo. *Dendê: símbolo e sabor da Bahia* é uma viagem pelo antigo continente africano, onde a planta do dendê era utilizada em cobertura de habitações, toalete, iluminação, alimento para animais e homens, confecção de bebidas fermentadas e, principalmente, azeite. Da África, onde estava estabelecido há séculos, o dendê foi capturado por colonizadores europeus e extraviado ao Brasil, nos bojos escuros e insalubres dos navios negreiros. Aqui, as dificuldades de plantio e o desinteresse das elites fizeram, por um tempo, a planta permanecer restrita à região do Recôncavo Baiano, mas hoje se expandiu para a região Norte, sendo o Pará o estado com a maior produção.

E eis o dendê nos tabuleiros, fonte de renda de mulheres que receberam de suas mães – e transmitirão às filhas – os segredos da culinária tradicional. E eis o dendê protagonista de festividades populares, elemento sincrético entre santos católicos e orixás do Candomblé. E eis o dendê a incentivar o turismo, a se tornar objeto de estudo, a ser enaltecido na literatura e na música.

E eis o dendê acrescentando um rico tempero ao saboroso catálogo do Senac São Paulo.

Dendê: bom de comer, de ver e de significar a matriz africana no Brasil

Raul Lody

DE COSTA A COSTA A palmeira dendém (*Elaeis guineensis* L.) é originária da costa ocidental africana e é, sem dúvida, a mais importante palmeira africana, além de uma das plantas fundamentais da economia e da sociologia da costa ocidental desse continente. A ela recorrem as populações nativas, desde tempos remotos, em busca de cobertura para as suas habitações, gordura e palmito para alimentação, *toilette*, iluminação, alimento para os animais, bebida fermentada – o vinho de dendê – e, especialmente, azeite.

A planta tem inflorescências masculinas e femininas separadas, crescendo, uma ou outra, na axila das folhas. Por certo, os portugueses não podiam ficar insensíveis a essa planta e ao seu valor, por isso são muitas as referências importantes que lhe são feitas. Vale notar que, em muitas das cartas da época das grandes navegações, quando estas incluem a costa ocidental africana e nelas aparecem desenhadas árvores, a palmeira é, muitas vezes, a única que os viajantes consideram digna de desenhar. Por exemplo, na carta de Luís Teixeira, *c.* 1600, aparecem palmeiras estilizadas na costa ocidental africana, correspondendo a sua área de procedência. O mesmo ocorre na carta de Cipriano Sanches Vilavicêncio, de 1596; na de Sebastião Lopes, de 1558; na de Antônio e Sebastião Lopes, c. 1565, e na atribuída a estes, de 1583; na de Domingos Sanches, de 1618; na de Pascoal Roiz, de 1632, entre muitas outras.

Kanjica: guisado de feijão e milho com tempero de azeite de palma. Põe-se de molho em água, de um dia para o outro, feijão e milho, em partes iguais. Cozem-se juntos e adicionam-se azeite de palma e jindungo, fica com a consistência de polme grosso e serve-se polvilhada de farinha de pau. (Elsa Cochat Sequeira, Kuria Ia Kuku*)*

A introdução da palmeira dendém na América se deu no tempo da escravatura. Os barcos que levaram os africanos em condição escrava das costas africanas, onde a planta era nativa e onde os frutos já eram utilizados na alimentação, transportariam os seus frutos, o coconote em caroço, como alimento.

Tratando-se de cultura com exigências ecológicas muito particulares, parecendo não haver um interesse muito grande no óleo que os africanos produziam, e havendo outras plantas a partir das quais era possível obter bebidas fermentadas, é natural que a disseminação dessa espécie não encontrasse ambiente muito favorável. Por isso, durante muitos anos, pôde-se dizer que apenas na Bahia a planta conseguiu instalar-se, e que o óleo ou o azeite de palma era ingrediente notável em muitos dos pratos já tradicionais da cozinha do Recôncavo baiano.

Assim, marca-se até hoje um rico acervo culinário identificado com o dendê para as moquecas, em destaque a tão particular moqueca de pititinga (também conhecida como manjuba), bem como o uso cosmetológico do dendê para nutrir a indústria de produtos para pele e cabelo. E para os inúmeros usos e significados religiosos lá está ele, dominante: o azeite de dendê.

A palmeira dendém encontra-se hoje em expansão no continente americano porque a procura por óleo de palma aumentou por conta do seu grande aproveitamento nas indústrias. É assim no Brasil, na Colômbia e em alguns países da América Central.

Porém, conseguiram-se híbridos de tão boa qualidade que essa palmeira é considerada a oleaginosa que produz, quando cultivada em boas condições, as quantidades mais elevadas de óleo por hectare.

Durante muitos anos, o óleo de palma exportado provinha na sua quase totalidade da África, especialmente do ocidente e da área austral desse continente.

O dendezeiro é uma das culturas mais importantes da costa africana, dentro da sua região natural, e nela se incluem Guiné-Bissau, São Tomé e Príncipe e Angola. Em Guiné-Bissau explora-se sob a forma natural. Em São Tomé e Príncipe, a cultura domina na primeira ilha. Em Angola, sobretudo nas costas norte e ocidental, a cultura estende-se até o sul de Benguela, acompanhando os cursos de água.

Tirando partido desse avanço técnico, a cultura da palmeira intensificou-se nos países ecologicamente favoráveis da África Ocidental, do Oriente e da América do Sul.

A produção de óleo de palma é quase toda originária dos países em desenvolvimento, onde três quintos são consumidos localmente e dois quintos são exportados para os países desenvolvidos. Nesses países, o óleo de palma é utilizado, em especial, no fabrico de margarinas, na indústria de cosméticos e na alimentação.

Pode-se caracterizar a culinária/cozinha de formação africana no Brasil como adaptativa, criativa e legitimadora de muitos produtos/ingredientes africanos e não-africanos, que foram incluídos em muitos cardápios regionais e em outros de presença nacional.

A construção do paladar, das receitas; os temperos, as maneiras de fazer e de servir da predominante população afrodescendente, são organizados em longo processo histórico, econômico, social e cultural.

As trocas e os intercâmbios ocorrem, a princípio, pela mão do homem português, um grande distribuidor de alimentos entre o Ocidente e o Oriente nos séculos XVI, XVII e XVIII.

Embora europeu, o homem português que chega ao Brasil é um homem africanizado, civilizado por povos do norte da África – o Magreb –, visto a marcante presença mouro-muçulmana por mais de sete séculos na Península Ibérica.

Trata-se, sem dúvida, de um conjunto de práticas culturais associadas aos interesses econômicos não apenas por meio da comida, mas também através de um conceito de mundialização, de ampliação real de fronteiras além da Europa. É uma presença que se recupera no português que falamos, nos cantos e danças tradicionais e, em especial, nas escolhas de frutas cítricas, hortaliças, nos bons hábitos dos banhos, das fontes, dos azulejos, dos jardins internos das casas, dos pomares.

Assim, pode-se afirmar que a África chega ao Brasil por duas vertentes, fazendo com que a formação do nosso povo seja "biafricana".

A primeira vertente com os portugueses, compreendendo do século VIII ao XV; a segunda, a partir do século XVI, e estendendo-se por mais de 350 anos, com o hediondo tráfico de homens e mulheres em condição escrava, todos chegados do continente africano.

Vê-se, então, que Portugal acumulou uma rica experiência social e cultural na África por um período de mais de dez séculos, ou seja, mil anos.

Os produtos das Américas, em especial do Brasil, então produtos nativos, são chamados *da terra*; os que chegam da África são chamados *da costa* – costa africana, costa dos escravos; e os que chegam de Portugal são chamados *do reino*, e não necessariamente provenientes apenas da Europa, mas também do Oriente.

Assim, são combinados alimentos/condimentos da costa, da terra e do reino, formando um amplo processo de interpretações pela boca, pelo gosto e, acima de tudo, pelas possibilidades econômicas e ecológicas. Nesse contexto, vê-se com destaque o dendê orientando um amplo sistema alimentar.

No Brasil, o dendê figura em alguns pratos da Amazônia, do Nordeste, em especial da Bahia, emblematizando o que se come no cotidiano e por ocasião de festas.

Conhecido na África por diferentes nomes, o dendê assume função social e econômica que marca ampla área desse continente, recebendo também no Brasil nomes populares e usuais em polos de concentração como Recôncavo da Bahia, Rio de Janeiro e Recife: azeite de cheiro, epô, óleo, óleo de dendê, azeite de dendê, óleo de palma, ou apenas azeite.

O dendê em cor, em cheiro, em sabor é, principalmente, um marco civilizador da África esparramada, formando amplo e rico imaginário que nos referencia como brasileiros afrodescendentes.

Quanto ao nome dendê, é decorrente do kimbundu *dendém*, língua do macrogrupo banto; e no ocidente africano é chamado por: *adequoi* e *adersan* na Costa do Marfim; *abobobe* em Gana; *de-yayá, de-kla, de-ghakun, votchi, fade* e *kissede* em Benin; *epô* na Nigéria; *di-bope* e *lissombe* na República dos Camarões; e *dendém* em Angola.

O fator econômico é decisivo para a entrada e fixação do dendê no comércio África-Brasil.

Trazido da Costa d'África, espalhou-se pela costa da América, da Bahia para o Norte, dando com exuberância seus fartos cachos negro-caboclos que chegam a um metro de comprimento, a trinta quilos de peso, a oitocentos cocos, às vezes.[1]

Em 1759, na Bahia, Antonio Caldas informava que o comércio frequente do dendê, entre a Costa da Mina e o Brasil, era intenso, provando a falta de dendezeiros que atendessem às necessidades do consumo. Vilhena afirma que, no ano de 1798, entraram na Bahia mil canadas de azeite de dendê, oriundas da Costa da Mina, e quinhentas canadas da Ilha de São Tomé, perfazendo, aproximadamente, quatro mil litros. A grande área de produção do dendê, da costa africana, estende-se de Angola até Gâmbia [...].[2]

Ainda sobre o comércio do dendê, informa Édison Carneiro:

O dendê constitui um dos poucos resultados benéficos do comércio negreiro com a África, pois fornece um óleo ou azeite de grande riqueza em provitaminas A. Não o trouxeram os escravos, mas os traficantes. Parece viável a suposição de que os primeiros indivíduos dessa espécie vegetal tenham vindo da Costa da Mina: era dos melhores o óleo que se adquiria no porto de Lagos, escoadouro da maior produção mundial – a da atual Nigéria [...].[3]

A forte relação do dendê com a gastronomia foi destacada em um comentário de Luís da Câmara Cascudo:

Quando o Rio de Janeiro se tornou capital do Brasil (1763) e a população aumentou, exigindo numerosa escravaria para os serviços domésticos, artesanato, plantio de açúcar, algodão, café, nas regiões vizinhas, o azeite de dendê acompanhou o negro, como o arroz o asiático e o doce o árabe [...].[4]

---

1 Afrânio Peixoto, *Breviário da Bahia* (Rio de Janeiro: Conselho Federal de Cultura, 1980), p. 80.

2 Édison Carneiro, *Ladinos e crioulos* (Rio de Janeiro: Vozes, 1976), p. 73.

3 *Ibid.*, p. 72.

4 Luís da Câmara Cascudo, *História da alimentação no Brasil*, vol. I (Belo Horizonte/São Paulo: Itatiaia/Edusp, 1983), p. 245.

SAGRADO DENDÊ O dendezeiro é celebrado no azeite para a cozinha e para os rituais religiosos do Candomblé, do Xangô, do Mina, mostrando uma imediata relação com o que chega do outro lado do Atlântico. É uma verdadeira seiva que forma paladares e que estabelece comunicação com os orixás, os voduns, os inquices e os antepassados. Dendê nos cardápios sagrados, dendê para untar as pedras e as ferramentas dos deuses nos pejis.

O fazer do azeite, por tradição, segue tecnologia artesanal, o que requer um trabalho paciente, que por sua vez convive ao mesmo tempo com modernos processos industriais de fabrico. É costume dizer na Bahia que o melhor azeite é o da *flor-do-dendê*.

Afrânio Peixoto informa sobre o azeite artesanal e seus subprodutos:

> É da casca mole do coco que se extrai o óleo, a poder de batedeira, cafuné, pisador, expressão que separa o bagaço, o aguchó, palha residual do fruto, ainda gorda que se vende para acendalha, de acender fogo, do óleo extraído, que se deixa dormir, para decantar, separando o azeite grosso, da lama do fundo. Levado ao fogo para refinar, logo se forma à superfície o catete, espuma que se separa para concentração, pé de azeite que sobe logo e dará, na sua relativa impureza para acepipe, preparando com sal e pimenta. Vem à vez, à tona do xoxó, de cor branca amarelada, consistência de manteiga quando resfriada, banha para cabelo... É agora a flor-de-azeite, o dendê, na sua linda cor tangô, como se diz hoje, cor de urucum ou açafrão carregada, que é encanto da vista... Na expressão a frio, mesmo coado, passa e se decanta o bambá, resíduo branco ou borra do azeite, que dá a farofa de bambá, apetitosa [...].[5]

Outra descrição sobre o processo caseiro de fazer azeite, e que ocorre até hoje no Recôncavo Baiano, é relatada por Edison Carneiro.

> Os racimos separados pela foice são expostos durante quatro dias, no mínimo, ao sol e mesmo unicamente três dias, se têm frutos bem maduros. Então, toma-se cerca de dois quilos de frutos e se cozinha, em marmita

---

5   Afrânio Peixoto, *Breviário da Bahia*, cit., p. 81.

de ferro, e a massa polposa que deles resulta é pisada em um almofariz ou pilão e misturada com água morna. Com a mão separam-se então as fibras do envoltório dos caroços e se deitam fora umas e outras. O óleo que sobrenada é misturado com água morna; deita-se o todo em uma peneira, depois a polpa é posta a ferver em água até que não deixe mais exsudar novo óleo, novamente é passado em peneira e assim seguidamente até que as polpas não contenham mais óleo. O óleo, assim separado em diversas vezes, é reunido e fervido até a eliminação d'água [...].[6]

Com os chamados "ganhos ou vendas de rua", que aconteciam em muitas capitais e em outras cidades com grande concentração de africanos (séculos XVIII e XIX), vendiam-se comidas salgadas e doces, além de bebidas, como o *vinho de dendê, emú* ou *malafo*, e muitos mingaus, alimentos quase líquidos, como ainda ocorrem nas ruas e praças do São Salvador.

É, ainda, a classe das negras livres que encontram as cozinheiras vendedoras de angu [...] O angu iguaria popular em todo o Brasil [...] farinha de mandioca diluída na água quente [...] miúdos de carne de vaca, tais como: coração, fígado, bofe, língua e outras partes carnudas da cabeça [...] se adicionavam água, banha de porco, óleo de dendê, de cor dourada e gosto de manteiga fresca [...] As vendedoras de angu são encontradas nas praças, perto dos mercados, ou nas suas quitandas, estão guarnecidas de legumes e frutas [...].[7]

Também as quitandeiras, vendedoras de feijão, de mocotó, de angu de milho e de outras comidas de "sustança", ocupavam lugares nos portos, nos trapiches, nas feiras e mercados, para alimentar, principalmente, trabalhadores braçais, estivadores, carregadores de açúcar.

Até hoje nos mercados, comer bem e muito pela manhã mantém esse princípio dos ganhos de vender comida. São pratos imensos, quase sempre coroados com muita farinha de mandioca. O dendê está, em especial, no caruru, compondo esses cardápios masculinos.

---

6 Édison Carneiro, *Ladinos e crioulos*, cit., pp. 74-75.

7 Pedro Correa do Lago, *Debret e o Brasil: obra completa – 1816-1831* (Rio de Janeiro: Capivara, 2007), p. 196.

A atividade econômica da mulher comercializando alimentos é até hoje um símbolo de trabalho, e cada vez mais de independência da própria mulher como mantenedora da casa e da família.

O ofício da mulher de fazer e vender comida, em destaque a mulher afrodescendente, é resultado de uma sequência de trabalhos continuados em casa e na rua. Em geral envolve a família, desde a compra dos ingredientes até os muitos processos artesanais de catar, moer, preparar, para então, nas panelas onde são exercidos e realizados os rituais dos temperos, das quantidades, das provas frequentes, organizar o ganho, a venda, e no ofício de ambulante, ir até o lugar escolhido para comercializar o produto do seu trabalho.

O ponto, o lugar da comida, é frequentado por gerações de cozinheiras, de mulheres de tabuleiros, que no dia a dia vivem e revivem histórias ancestrais de outras mulheres, que encontram na comida o melhor mercado para viver, para continuar a usar dendê, pimentas, quiabo, e tudo mais que o ofício possa exigir.

Ainda na rua, nas chamadas Festas de Largo, que seguem um calendário de santos católicos muito populares e misturam-se na ampla religiosidade com os orixás do Candomblé, acontecem as grandes celebrações, sempre marcadas pelas comidas – diga-se, pelas comidas de dendê.

As Festas de Largo mostram como a fé partilhada é indissociável, unindo Santa Bárbara a Iansã, por exemplo. Com toda certeza, o povo do santo que vive o Candomblé sabe dos limites e das características entre santo da Igreja e orixá africano. Contudo, o chamado sincretismo afrocatólico está presente nas celebrações do Bonfim, Conceição da Praia, Santa Luzia, e 2 de fevereiro, entre outras formas públicas de louvar e viver a cidade do São Salvador.

Essas festas barrocas são os espaços de fazer e servir comida baiana; são verdadeiros restaurantes itinerantes que vão acompanhando cada festa, além de lugares privilegiados para os encontros, para os rituais de sociabilidade.

Come-se, em geral, feijoada, caruru, vatapá, xinxim de galinha, e ainda, dos muitos tabuleiros, acarajés, abarás, cocadas, bolinhos de estudante, e outras delícias para viver a festa pela boca, especialmente com dendê.

As comidas de rua eram mais variadas; contudo, os hábitos domésticos assumiram o papel de manter receitas, em especial para os dias de festa, marcadas pelo leite de coco e pelo dendê, as chamadas *comidas-de-azeite*.

Outro importante espaço guardião da culinária africana no Brasil é o terreiro. Terreiro de Candomblé, de Tambor Mina, de Batuque, de Xangô, entre outros, que têm na cozinha sagrada e cerimonial um importante ponto de contato com povos e culturas da África. Assim, convivem receitas e alimentos memorialistas e outros adaptados, criados e transformados pela afrodescendência.

Muitos alimentos são os mesmos que aparecem nos terreiros e nas casas. O *caruru* – feito de quiabo, camarões defumados, azeite de dendê, sal, cebola, entre outros ingredientes – é um exemplo. Esse caruru celebra a festa familiar e devocional, com o famoso *caruru-dos-Ibejis* ou *caruru de Cosme*, mantendo a mesma receita e finalidade religiosa dos terreiros.

O caruru é um banquete que é acrescido de outras iguarias, como vatapá, abará, acarajé, feijão-de-azeite, e diferentes doces.

O tão conhecido e africano dendê combina-se em cor, cheiro e gosto a alguns condimentos, em especial às pimentas.

A popular malagueta pontua em sabor diferentes molhos, integrando também pratos à base de peixes, aves, carne de gado bovino, feijões, pirões, entre muitas outras opções para vivenciar paladares que oferecem experiências de séculos de cultura e de civilização.

Vale destacar a tão conhecida e estimada farofa, unindo a farinha de mandioca, um uso e técnica culinária nativas, *da terra*, com o azeite de dendê, produto *da costa*, e dessa união nasce um dos pratos mais brasileiros e de inúmeras variações ou receitas, servindo para acompanhar pratos do cotidiano, das festas – além de ser, em âmbito religioso, alimento emblemático de Exu, mensageiro entre os homens, os orixás e os antepassados dos homens.

Para os iorubá, povo localizado em Benin e Nigéria, o dendezeiro é uma árvore sagrada, conhecida como *igi-ope*, e representa o orixá Ogum, que na mitologia africana é o agricultor, o artesão, aquele que domina as tecnologias.

As folhas desfiadas do dendezeiro são conhecidas como *mariôs*, de importante uso nos rituais religiosos dos terreiros. Tais folhas estão na arquitetura, nas roupas de alguns orixás (Ogum, por exemplo), ou como ferramenta de Iansã, entre outros usos litúrgicos.

A própria árvore do dendezeiro é também morada e assento de Fá ou Ifá – agente divino dos vaticínios e da informação entre os planos dos orixás-voduns e dos homens. Aliás, as plantas em geral, e o dendezeiro em particular, adquirem respeito e importância na visão dada à natureza por parte das religiões afrobrasileiras, que compreendem e estabelecem o culto aos orixás-voduns.

Essa leitura sobre um elemento da natureza apenas confirma um postulado etnoecológico que congrega outras árvores, animais, rios, lagoas, florestas e montanhas; enfim, a vida social e religiosa está unida numa mesma visão ecossistêmica do homem e dos orixás-voduns. É tradição na fitolatria, dando base ao caráter religioso de modelos africanos, como também fonte de recursos materiais para os terreiros, no caso afrobrasileiro, notadamente o Candomblé no seu estilo baiano, e no Xangô do Recife. A mangueira, a jaqueira, a cajazeira, a pitangueira e a gameleira juntam-se ao dendezeiro para formar o estoque de árvores preservadas e cultuadas nos terreiros.

A comida sagrada dos terreiros de Candomblé ganha as mesas das casas, dos restaurantes, dos mercados, ganha também os tabuleiros nas ruas, marcando sempre relações entre os cardápios dos deuses, os cardápios do cotidiano e os cardápios das festas. Assim, há um forte sentimento entre o azeite de dendê, o sagrado, e a formação de hábitos alimentares. Destaca-se também nesse imaginário Exu Elepô, o dono do dendê.

O dendê transita e está presente como ingrediente e sabor reconhecidos de matriz africana, e assume cada vez mais seu valor simbólico de unir permanentemente a África ao Brasil.

DENDÊ, UM SENTIMENTO TELÚRICO Mais uma vez recorre-se a Exu, que marca um amplo sentido telúrico do que é africano no Brasil. Relação não menos indivisível é a do homem africano com o dendê, e por Exu ser não apenas um componente desse homem africano, mas também aquele que conseguiu reunir uma história defensiva desse homem e assim significar um ideal de africanidade no Brasil.

Trata-se de uma visão fundamentalmente ética e moral reunir Exu e o dendê, como ao mesmo tempo reunir o homem africano e o dendê, e ainda a África e o dendê. Isso reforça o conteúdo terra, chão, podendo-se, inclusive, interpretar como pátria, terra de origem – África –, bem como a fixação dos polos de manifestações africanas no Brasil e processos afrobrasileiros, nos quais se destacam os terreiros e estes, como espaços mantenedores das tradições, da cultura, das tecnologias, da vida africana transferida e reinventada em espaço brasileiro.

A diáspora do dendê é igual à diáspora africana, pelo menos na faixa litorânea atlântica no Brasil, nos bolsões de manifestações, onde o pensamento, a ação e o testemunho já afrobrasileiro são ao mesmo tempo interpretados pelo ideal religioso, que, por tendência e hábito acadêmico, privilegiam a vertente iorubá.

Ao mesmo tempo que o processo escravagista se amplia com a velocidade do tráfico de mercadorias humanas, Exu vai fortalecendo o seu papel libertário, de figura liberada, de bebedor de vinho de dendê, reafirmando seu caráter viril e guerreiro. Beber vinho de dendê é um indício da força e da condição masculina dinâmica que fazem o *ser-funcional* Exu, tanto nos terreiros como na sociedade complexa.

O dendê pode ser visto também como o sangue africano, ou como um esperma alaranjado que jorra do profícuo e magnífico pênis de Exu, orixá essencialmente afeto à fertilidade e ao movimento – movimento das coisas da natureza e das relações homem e natureza.

Os feitos de Exu são contados, revelados e propalados pelos quatro cantos do mundo, por exemplo: ele pode carregar o óleo de dendê numa peneira sem derramar; é também dono dos dendezeiros, cuja abundância dos cachos e das centenas de cocos que vicejam em cada coqueiro adulto é resultado da ação fértil e benfazeja de Exu, também um orixá fitolátrico.

Embora os ferros, as esculturas em argila, os búzios, os bastões em madeira, as forquilhas antropomorfas, as cabacinhas, os panos vermelhos e pretos e as pimentas representem Exu, somente o dendê e o próprio dendezeiro terão a suficiência de revelar e distinguir o orixá.

Exu é, sem dúvida, um dos orixás mais negros, mais marginal, mais amoral, mais temido, mais querido e mais necessário – além de imprescindível ao início de qualquer cerimônia nos terreiros.

Exu é africano, é santo africano que possui um lado "meio escravo" diante do olhar dominador colonial, o que lhe auferiu relação imediata com o diabo dos católicos. Essa relação confirma o temor do colono diante da oposição cultural africana, cujo personagem fundamental é Exu e tudo que gira em torno dele.

Contudo, a reprodução de um sistema em bases de um escravagista que proliferou inclusive interafricanos, influiu de maneira decisiva no poder divino dos orixás, passando Exu a comportar atribuições de *escravo* dos orixás. Cada orixá tem o seu Exu, ou na linguagem vigente do *povo de santo*, tem o seu *escravo*. O escravo particular é uma espécie de faz-tudo, embora seja visível uma ascendência ideológica de Exu para o sistema mitológico dos orixás. O caráter germinal e profícuo de Exu garante a ação específica de cada orixá, e com isso a harmonia da natureza e as intervenções do homem nessa mesma natureza.

A figura arquetípica de Exu é a de um homem negro, forte, viril, talvez mais diabólico que o próprio diabo, nessa leitura exógena que a igreja auferiu ao dínamo do axé, ao orixá inaugurador por excelência. Por isso compõe a figura de Exu uma carga histórica de preconceitos sobre o homem africano e suas heranças culturais. Neste ponto, vale a pena ressaltar o elenco e a abrangência de tudo que provém da África. Contudo, o dendê assume um dos símbolos culturais mais marcantes e de imediata compreensão com o que é africano, ampliando usos e funções gastronômicas e principalmente simbólicas.

"Acarajé só é bom crocante, de miolo branco e frito em azeite novo."

BOM DE COMER As mulheres, como sabemos, são especialistas na elaboração dos alimentos sagrados dos orixás e dos que vão para a mesa dos homens, vivendo-se comensalidades, formas de compartilhar do mesmo alimento do orixá, e que também se come ao término das grandes festas públicas dos terreiros.

A comida une as pessoas que têm os mesmos objetivos sociais, religiosos, e os mesmos sentimentos de fé. O ato de ingerir os alimentos preparados pelas yabás, yabassês, entre outros títulos, que variam conforme o tipo de Nação à qual é filiado o terreiro, aponta para funções especiais das mulheres nas cozinhas dos terreiros.

O azeite de dendê é reconhecido por ser um alimento quente, assim congregando boa parcela de orixás. Há uma segunda categoria, que é de oposição por ser fria, ou seja, daquele elenco de orixás que não incluem o dendê nos seus cardápios. Os adeptos do modelo Kêtu são chamados orixás *funfun* ou orixás brancos.

O povo do santo, reunindo os milhares de adeptos das religiões de matriz africana, se denomina também como o povo do dendê, buscando um reconhecimento imediato com o dendê, sem dúvida uma marca do que é *da costa*.

Alguns pratos são emblemáticos de uma culinária de dendê, ocorrendo tanto nas mesas das casas como nos santuários dos terreiros, ou ainda nas bancas das feiras e mercados: caruru, omalá, ipeté, bobó, omolocum, era-peterê e farofas.

Das comidas-de-azeite, sem dúvida, o acarajé é o mais baiano e nacional de todos – inclusive, o ofício das baianas de acarajé é reconhecido por meio de um registro patrimonial que declara a importância desse trabalho como um patrimônio nacional (Instituto do Patrimônio Histórico e Artístico Nacional – Iphan).

Acarajé, também chamado acará, é bolo frito no azeite de dendê, em porções determinadas pela colher de pau. A massa é feita de feijão--fradinho pisado no pilão, ralado em pedra especial, tendo como temperos principais a cebola e o sal, exalando assim atraente odor. Camarões secos e um pouco de vatapá podem ser colocados no acarajé. Na realidade, esses complementos são estranhos ao hábito alimentar tradicional relativo à cozinha dos orixás. Iansã, Xangô, Obá, Ewa, Oxumaré, Ibejis, são alguns dos deuses que têm no acarajé um dos seus principais alimentos rituais.

Entre as ofertas dos tabuleiros ou bancas vale destacar a permanência dos acarajés do Recife. São pequenos, redondinhos, verdadeiros bolinhos de feijão fritos em dendê, vendidos em ruas, praças e mercados. Ainda são encontrados esses acarajés – os mais africanos – nas ruas do Salvador, Bahia, bastando seguir o cheiro das frituras. Já os acarajés baianos, vendidos em tabuleiros suntuosos e de caráter barroco por mulheres à moda – saia estampada, bata, pano da costa, fios-de-contas, turbante, e folhas de axé colocadas atrás da orelha ou no próprio tabuleiro, exibindo pequenas imagens de Santo Antônio, moedas e outros objetos para garantir boa venda –, são grandes e redondos, mais próximos do ideal do sanduíche do que dos bolinhos africanos que seguem o formato de uma colher de sopa. Esses acarajés são servidos com vatapá, camarões secos ou salada – uma verdadeira refeição.

O dendê também está no vatapá pernambucano, especialmente temperado com amendoim, diga-se muito amendoim, e o dendê é em menor quantidade que no vatapá baiano, mais amarelo, quase dourado. Contudo, o vatapá pernambucano é saboroso e feito à base de pão, uma delícia.

Já na Amazônia, o vatapá e o caruru, pratos tradicionais do Pará, levam uma quantidade exagerada de camarões, e muito dendê.

No caruru-do-Maranhão, além dos quiabos, camarões secos e dendê, acrescenta-se farinha, o que dá consistência e sabor especial.

"Bebida forte e masculina."

VINHO DE DENDÊ Além do uso frequente do dendê em frituras, molhos e outros preparos gastronômicos, também se extrai do dendezeiro o vinho, comumente conhecido como vinho de dendê ou vinho de palma. Embora hoje distante da mesa afrobrasileira, esse tipo de vinho era comercializado nos tabuleiros e nas "bancas das vendedeiras de rua", sendo bebida muito apreciada, bem como os seus quitutes.

A ialorixá Eugenia Anna dos Santos – Aninha –, do Ilê Axé Opô Afonjá, em Salvador, por ocasião do II Congresso Afrobrasileiro realizado em 1937 naquela cidade, contribuiu com um comunicado sobre a culinária desenvolvida no seu terreiro. Entre os muitos pratos e bebidas destaca-se o *emún*, segundo ela, "bebida africana feita com dendê". Porém, permanece a questão quanto ao *emún* ser o vinho de dendê ou uma variante deste.

Esse vinho é também chamado de *malafú* ou *sura* pelos congoleses, e no caso afrobrasileiro, ganhou notoriedade como *marafo*, designando não apenas o vinho, mas a cachaça feita de cana sacarina, conhecido ainda na época colonial como vinho-da-terra, integrando um elenco de bebidas fortes e por isso de significado viril, masculino.

O processo de extração do vinho de palma se dá por meio de uma incisão na parte superior do espique ou logo abaixo da inserção das espatas do dendezeiro. O vinho é branquicento, espumante e de gosto agridoce; fermentado por um dia, transforma-se em álcool etílico.

Hoje desaparecido dos rituais religiosos nos terreiros e das *vendas* de rua, o vinho de dendê é apenas uma lembrança. Os Candomblés e Xangôs restringem-se a algumas bebidas de função litúrgica, como o *aluá,* um tipo de bebida feita de milho, rapadura, gengibre e água; e a cachaça para os Exus. Outras infusões são preparadas para funções específicas na iniciação e em outros momentos da vida dos terreiros.

TANTAS RECEITAS Sem dúvida, o dendezeiro, e tudo que ele oferece em símbolos e formas permanentes de trazer a África para o Brasil, consagra-se no paladar, no gosto, na boca cultural, sentidos que atestam e fortalecem a identidade, as maneiras de localizar o pertencimento a uma família, a um povo, a uma civilização.

Abará, caruru de quiabo, caruru de bredo, caruru de quiôiô, caruru de azedinha, caruru de vinagreira, efó, vatapá de peixe, vatapá de galinha, vatapá de bacalhau, moqueca de folha, moqueca de peixes pequenos, moqueca de ostras, moqueca de camarão, moqueca de peixe em postas, moqueca de siri mole, moqueca de bacalhau, moqueca de peixe salgado, moqueca de fato, moqueca de ovos com camarão seco, moqueca de miolos, moqueca de carne verde, moqueca de carne-seca, moqueca de sururu, moqueca de pitu, moqueca de pititinga, moqueca de maturi, moqueca de aratu, moqueca de bebe-fumo, moqueca de carangondé, farofa de bamba, farofa amarela, farofa de azeite, xinxim de galinha, xinxim de bofe, arroz de Hauçá, bobó de camarão, peixe frito no azeite de cheiro, eguedé, amalá, omolocum, milho de iemanjá, axoxó, feijão-de-azeite, amori. Tudo isso é para sentir de corpo inteiro o gosto gostoso da nossa rica e criativa cozinha afrodescendente – cozinha de dendê, emblematizada, valorizada e do gosto popular.

O dendê é um marco de civilização, de história, de memórias arcaicas e de frequente reinvenção nas cozinhas. É um marco dessa busca pelas receitas tradicionais, ou de uma "nova cozinha", ou mesmo da "cozinha *fusion*", pois, como ingrediente de valor, de estética imediatamente identificada, é referência de povos da costa, de costumes milenares da África.

Para a boca, para o espírito, para comunicar e trazer os deuses africanos; para cuidar da pele, do cabelo; para significar defesa ecológica na compreensão do *igi opé* – o dendezeiro, essa árvore generosa e plural, planta da vida e dos costumes de diferentes regiões africanas no Brasil.

O dendê também se abrasileirou, é nosso! Nós o incorporamos em cor, cheiro, sabor e sentimento.

BIBLIOGRAFIA

ANDRADE, H. L. C. de. *A cozinha baiana no restaurante do Pelourinho*. 4ª ed. Salvador: Editora Senac Bahia, 2008.

BASCON, W. *Ifá Divination*. Londres: Indiana University Press, 1969.

BEIR, U. *Yorubá Myths*. Cambridge: Cambridge University Press, 1980.

CARNEIRO, E. *Ladinos e crioulos*. Rio de Janeiro: Civilização Brasileira, 1964.

CASCUDO, L. da C. *História da alimentação no Brasil*. Belo Horizonte/São Paulo: Itatiaia/Edusp, 1983.

FERNANDES, C. *Viagem gastronômica através do Brasil*. 7ª ed. São Paulo: Sonia Robatto, 2005.

FRANCO, A. *De caçador a gourmet: uma história da gastronomia*. São Paulo: Editora Senac São Paulo, 2001.

LAGO, P. C. do. *Debret e o Brasil: obra completa, 1816-1831*. Rio de Janeiro: Capivara, 2007.

LODY, R. *Artesanato religioso afro-brasileiro*. Rio de Janeiro: Ibam, 1980.

_____. *Brasil bom de boca: temas da antropologia da alimentação*. São Paulo: Editora Senac São Paulo, 2008.

_____. *Espaço, orixá, sociedade: um ensaio de antropologia visual*. Rio de Janeiro: Ed. do Autor, 1984.

_____. *O dendê e a comida de santo*. Vol. 43 da Coleção Folclore. Recife: Instituto Joaquim Nabuco de Pesquisas Sociais/Centro de Estudos Folclóricos, 1977.

_____. *Samba de caboclo*. Rio de Janeiro: CDFB, 1977.

_____. *Santo também come*. Recife: Instituto Joaquim Nabuco de Pesquisas Sociais, 1979.

_____. *Tem dendê, tem axé: etnografia do dendezeiro*. Rio de Janeiro: Pallas, 1993.

MAIA, A. da S. *Dicionário complementar português-Kimbundu-Kikongo*. Luanda: Tip. das Missões Cucujães, 1961.

PEIXOTO, A. *Breviário da Bahia*. Rio de Janeiro: Conselho Federal de Cultura, 1980.

SANTOS, E. A. dos. "Nota sobre comestíveis africanos". Em CARNEIRO, Edson (org.). *O negro no Brasil*. Rio de Janeiro: Civilização Brasileira, 1940.

SANTOS, J. E. dos. *Os nagôs e a morte*. Petrópolis: Vozes, 1976.

SEQUEIRA, E. C. *Kuria la Kuku: comida da avozinha (com sabor de Angola)*. Luanda: J. H. Neto D. L., 1998.

Dendê: aspectos botânicos, agronômicos, ecológicos e econômicos

Hermano Peixoto Oliveira

ORIGEM O dendê (*Elaeis guineensis* Jacq.) é uma palmeira originária do Golfo da Guiné, costa oriental do continente africano, sendo encontrada em povoamentos subespontâneos desde o Senegal até Angola. Fora da África, hoje é cultivado em várias partes do mundo, sendo conhecido vulgarmente como *dendê* no Brasil; *palma africana* nos países de língua espanhola; e *palm oil* nos de língua inglesa.

HISTÓRICO Descobertas arqueológicas revelam que há mais de cinco mil anos o óleo de dendê já estava presente no cotidiano dos africanos, tanto na alimentação quanto nos rituais fúnebres e religiosos. Essas mesmas descobertas também revelam a identificação de resíduos de dendê próximo aos restos mortais encontrados em alguns túmulos, pois era costume da época juntar ao corpo objetos afins às manifestações de afetividade do falecido.

MIGRAÇÃO Do seu ponto de origem foi levado para outras partes do mundo sob distintos pretextos. Atualmente, com exceção da Europa, é encontrado nos demais continentes, em regiões onde existem condições favoráveis para o desenvolvimento da espécie.

O dendê foi introduzido no continente americano a partir do século XVI, coincidindo com o início do tráfico de escravos entre a África e o Brasil. Mais tarde foi levado para a Colômbia como planta ornamental e curiosidade botânica, com a finalidade de enriquecer a coleção de palmáceas do Jardim Botânico daquele país. E por fim, já com explícitos propósitos de exploração comercial, foi levado para outros países da América Latina e para o Caribe, onde a dendeicultura está em franco crescimento.

No continente asiático foi introduzido inicialmente na Indonésia como planta ornamental. Todavia, o marco da história da dendeicultura na região teve início em 1848, quando foi plantada a primeira palmeira de dendê no Bogor Botanical Garden, em Java, Indonésia.

Mais tarde, em 1911, as primeiras palmeiras tipo Deli Dura foram plantadas na Malásia como plantas ornamentais. Mais tarde, em 1917, surgiu a primeira plantação comercial, e cinquenta anos depois teve início a explosão da dendeicultura naquele país. E como símbolo do reconhecimento da sua importância para a economia malasiana, a planta considerada mãe da dendeicultura asiática ainda está viva, sendo preservada com cuidado.

No Brasil, o dendê foi introduzido em torno do século XVI com os negros africanos durante o tráfico de escravos. Entretanto, embora tenha chegado a vários pontos do território brasileiro, foi na Bahia que ele se adaptou por completo, pelo fato de encontrar em terras baianas condições ideais de clima e solo, semelhantes, portanto, às existentes em seu hábitat original. Por esse motivo, os dendezais subespontâneos não são encontrados em outros locais do Brasil.

Na travessia do oceano, os frutos do dendezeiro eram servidos aos negros africanos como alimento. Durante o tráfico de escravos, milhares de toneladas de dendê foram trazidas da África e, após o desembarque, o resto da carga acompanhava os escravos até o destino final, onde a polpa e a amêndoa dos frutos eram utilizadas na sua complementação alimentar.

Após o consumo da polpa dos frutos, as sementes não utilizadas para extração da amêndoa, obviamente descartadas ao tempo, em geral davam origem a novas palmeiras, que mais tarde formariam os primitivos dendezais desenvolvidos no entorno das concentrações de negros escravos. Partindo daí, os centenários dendezais subespontâneos foram surgindo graças a determinados animais, como gavião, urubu, paca, tatu, cotia, entre outros, os verdadeiros responsáveis pela fixação do dendê na flora brasileira através da disseminação das sementes dos frutos cuja polpa comiam.

A partir do momento que os primitivos dendezeiros começaram a frutificar, os negros africanos e seus descendentes introduziram no Brasil, de fato, o hábito de consumir o dendê como alimento e, consequentemente, assim introduziram também as práticas milenares de extração do azeite, bem como os utensílios necessários à execução de tal processo, como pilão de madeira, gamela, peneira de palha e alguns utensílios de barro.

O consumo do azeite de dendê como óleo comestível é um importante legado da influência africana na cultura baiana, hábito que muito cedo foi apropriado pela população e propiciou o surgimento de um mercado consumidor local, cuja demanda era sempre crescente e atendida durante muitos anos pela precária produção proveniente do tradicional pilão de madeira, que já existia aos milhares.

Com o crescimento do mercado interno já consolidado e o surgimento do mercado externo, o sistema produtivo existente tornou-se incapaz de satisfazer à demanda. Então, as atenções se voltaram para a etapa crítica do processo, ou seja, a digestão dos frutos, tarefa penosa e demorada executada no pilão. O saldo positivo foi a invenção do "rodão", fruto da criatividade dos produtores da época. A princípio, o rústico equipamento era tracionado com o esforço humano, ou seja, o trabalho escravo, que mais tarde, após a extinção da escravatura, foi substituído pela tração animal.

O equipamento é composto de um sólido bloco de formato circular, construído com pedra e argamassa de argila, cal e areia, contendo na sua estrutura uma calha igualmente circular, medindo cerca de 20 cm de largura por 50 cm de profundidade, tendo como acessório uma pesada roda de madeira tracionada por um ou dois animais (boi, burro ou cavalo).

Na etapa da digestão, os frutos cozidos são postos na calha e sobre eles a roda de madeira, tracionada pela força animal, vai girando até a obtenção do resultado desejado, que é a desestruturação do mesocarpo do fruto para facilitar a liberação do óleo. No final dessa fase do processo, os frutos são transformados numa massa impregnada de óleo e constituída de sementes e fibras, pronta para a etapa da extração.

Até o final da década de 1950, o "rodão" de tração animal era o responsável pela produção comercial do azeite de dendê na Bahia, época em que existiam então centenas de unidades instaladas nas regiões produtoras, onde era marcante o impacto socioeconômico da atividade, por sua elevada capacidade geradora de emprego e renda, que beneficiava diretamente milhares de famílias e a economia dos municípios produtores. Muito tempo depois, o sistema foi contemplado com a introdução de um pequeno digestor motorizado, única melhoria tecnológica ocorrida em toda sua existência. O equipamento proposto para substituir o tradicional "rodão" é uma curiosa versão simplificada e de pequeno porte do digestor industrial. Contudo, com o advento das usinas industriais, o tradicional sistema artesanal, mesmo com a introdução do novo equipamento e com o aumento da produtividade, perdeu espaço e muitas unidades foram desativadas, gerando desemprego e queda de renda. Hoje, existem poucas unidades em pleno funcionamento, entre elas algumas já motorizadas, que atendem ao mercado informal composto por feirantes, quitandeiros, terreiros de Candomblé, baianas do acarajé e empresas que apenas envasam o óleo e comercializam com marca própria no mercado formal.

CARACTERÍSTICAS O dendezeiro é uma palmácea oleaginosa de ciclo longo que se destaca entre as demais por apresentar certas peculiaridades marcantes. Entre elas são destaques a maior produção de óleo por unidade de área cultivada e a capacidade do seu fruto de produzir dois óleos distintos, o da polpa, o óleo de palma, conhecido vulgarmente como *azeite de dendê*, de cor avermelhada, graças ao seu conteúdo de substâncias carotenoides; e o da amêndoa da semente, conhecido como *óleo de palmiste*. Embora distintos na aparência e na composição química, guardam entre si estreita afinidade: são comestíveis e importantes matérias-primas para os mais diversos segmentos industriais.

QUADRO 1 Espécies oleaginosas, tipo de óleo e produtividade

ESPÉCIE	TIPO DE ÓLEO	PRODUTIVIDADE (kg/ha)
Amendoim	Óleo de amendoim	600 – 1.000
Coco	Óleo de coco	2.000 – 3.000
Colza	Óleo de colza	800 – 1.100
Dendê (fruto)	Óleo de palma	3.500 – 6.000
Dendê (semente)	Óleo de palmiste	200 – 400
Girassol	Óleo de girassol	600 – 1.000
Oliveira	Óleo de oliva	1.500 – 2.500
Soja	Óleo de soja	400 – 600

FONTE: EMBRAPA, 1999.

VARIEDADES Em decorrência da origem, os dendezais são classificados em nativos, subespontâneos ou cultivados, a saber:

NATIVOS

São as espécies naturais de um determinado local, como o *Elaeis oleifera*, espécie nativa da América Latina encontrada na Colômbia, no Panamá, na Costa Rica e no Brasil (apenas na Amazônia), onde é conhecido vulgarmente como *caiaué*. Embora sem importância econômica definida, vem despertando grande interesse no meio científico para cruzamentos entre espécies do gênero *Elaeis*, visando à obtenção de híbridos bastante promissores pela sua rusticidade, resistência a algumas pragas e enfermidades comuns do dendê, além de razoável produção, maior conteúdo de ácidos graxos não saturados e menor taxa de crescimento em altura. Todas essas características do híbrido são transmitidas pelo Caiaué.

SUBESPONTÂNEOS

São aqueles introduzidos sem propósitos comerciais e propagados sem a interferência direta do homem, mas de certas aves e determinados roedores. Esses disseminadores naturais, após comerem a polpa do fruto, deixam a semente no solo, onde mais tarde ela germina e dá origem a uma nova planta. Tais dendezais são formados por palmeiras da espécie *Elaeis guineensis*, do tipo *Dura*, originalmente de baixa produção de óleo em função de fatores genéticos. As palmeiras apresentam uma elevada taxa de crescimento quando atingem a maturidade, o que dificulta os tratos culturais e a colheita dos cachos, aumentando de maneira significativa os custos operacionais.

CULTIVADOS

São plantios destinados à exploração comercial. Por isso são formados a partir de sementes do híbrido *tenera*, que produz maior quantidade de óleo, e o pequeno porte da palmeira facilita a aplicação dos tratos culturais indispensáveis durante a vida produtiva dessas plantas. O sistema de plantio é planejado de maneira técnica, com número de plantas por hectare e espaçamento entre elas definidos criteriosamente.

Tanto os dendezais subespontâneos quanto os de cultivo são formados por palmeiras da espécie *Elaeis guineensis*, pertencente à família *Palmaceae* e ao gênero *Elaeis*. Essa espécie, de acordo com a espessura do endocarpo (casca da semente) do fruto é classificada em:

> MACROCÁRIA: *os frutos apresentam o endocarpo com espessura superior a 6 mm. Não tem importância econômica.*
>
> DURA: *fruto com endocarpo de espessura entre 2 mm e 6 mm, com fibras dispersas em sua polpa.*
>
> TENERA: *frutos com endocarpo de espessura entre 0,5 mm e 2,5 mm e com anel de fibras ao redor do endocarpo. Esse tipo é originado a partir do cruzamento entre os tipos Dura e Pisifera.*
>
> PISIFERA: *frutos sem endocarpo e com uma grande taxa de infertilidade nas inflorescências femininas.*

Os dendezais subespontâneos existentes na Bahia são formados por palmeiras do tipo Dura, originalmente de baixa produção de óleo em decorrência de diversos fatores, em especial os de natureza genética, como os determinantes da estrutura física do fruto que é caracterizado, como já foi mencionado, pela reduzida espessura da polpa onde é produzido o óleo, pelo tamanho elevado da noz e pela acentuada espessura do endocarpo.

VIDA PRODUTIVA DA CULTURA O dendê é uma cultura com vida produtiva econômica em torno de 25 anos em um sistema de exploração agroindustrial. O ciclo econômico tem início no 3º ano, atingindo a plenitude no 8º, prolongando-se até o 25º, contado a partir do plantio no campo. Em condições normais produz o ano todo sem problemas de safras sazonais, apresentando, porém, alguns meses de pique de produção, cujo período varia conforme a região. Após a fase considerada economicamente produtiva, o dendê não deixa de produzir. Todavia, ocorre um natural declínio na produção em consequência do processo de envelhecimento da cultura. Além disso, o inevitável desenvolvimento do porte da palmeira, que pode passar dos vinte metros de altura, cria dificuldades para aplicação dos tratos culturais necessários, sobretudo na colheita dos cachos, o que implica a necessidade de utilização de procedimentos não convencionais e de custo relativamente alto, onerando, portanto, os custos operacionais.

Além dos atributos positivos apontados, o dendê é uma cultura de apreciável resistência ou tolerância a pragas e doenças e pouco susceptível às intempéries e, como cultura permanente, contribui muito pouco para a degradação ambiental, pois durante a vida produtiva dispensa a utilização de agrotóxicos e não exige periódicas movimentações do solo como exigem as culturais temporárias.

Exigências básicas

A cultura do dendê em escala comercial é uma atividade que requer consideráveis investimentos. Necessita de grandes áreas adequadas para o plantio, intensiva utilização de mão de obra e equipamentos o ano todo, e elevado consumo de insumos. Para que tais investimentos se convertam em uma atividade de considerável rentabilidade e assegurada sustentabilidade, fatores ambientais, agronômicos e gerenciais devem ser considerados nas diversas fases do cultivo.

Exigências climáticas

O desempenho produtivo da cultura do dendê está diretamente ligado a diversos fatores, como a potencialidade genética das sementes e das condições edafo-climáticas compatíveis com as suas exigências. Quanto aos fatores climáticos, os mais importantes são temperatura, precipitação pluviométrica e luminosidade, os quais fogem ao controle do homem e por isso são considerados não modificáveis.

Temperatura

Para produções em escala comercial, a palmeira do dendê exige temperatura média máxima de 30 °C e média mínima de 24 °C. Uma condição importante é que não atinja valores inferiores a 18 °C, considerado o mínimo absoluto, ponto a partir do qual a planta começa a apresentar anomalias no seu desenvolvimento vegetativo, até mesmo diminuição da produção, caso perdurem por alguns dias as condições indesejáveis. Essa intolerância às baixas temperaturas explica por que os dendezais estão distribuídos, em sua maioria, na faixa equatorial e em altitudes não superiores a quinhentos metros. Além disso, a temperatura tem efeito marcante sobre a emissão foliar e o número de cachos produzidos.

Precipitação pluviométrica

É o mais importante fator climático para o crescimento e a produção do dendezeiro, razão de ser muito exigente em água, não tolerando regiões secas. O conhecimento e a experiência atuais, baseando-se em dados de países que apresentam excelentes produções de dendê, permitem indicar como ótima a precipitação entre 1.800 mm e 2.000 mm por ano, bem distribuídos, considerando-se 120 mm o limite de precipitação mensal mínima recomendável. Baixas precipitações, portanto, ou períodos superiores a dois meses sem chuva, afetam de forma acentuada a emissão foliar, a produção de cachos e o peso médio destes.

Luminosidade

O dendê é uma planta heliófila, necessitando de 1.500 a 2.000 horas de luz por ano. Para atingir produções compatíveis com o potencial genético da cultura, são desejáveis uma insolação constante durante o ano todo e, no mínimo, cinco horas de luminosidade por dia, todos os meses. A insolação tem efeito sobre a taxa de fotossíntese, maturidade dos cachos, teor de óleo na polpa e, consequentemente, efeito sobre a produção. Exerce também importante função na proporção de flores femininas emitidas.

Solo

É outro fator ambiental importante. Todavia, o dendê tem ampla margem de adaptação aos diferentes tipos de solo, apresentando, porém, melhor desenvolvimento em solos profundos, com textura média e argilosa, bem drenados, permeáveis, sem obstáculos para o desenvolvimento das raízes e com pH entre 4,5 e 6,0. As propriedades físicas do solo são determinantes quanto a sua adequabilidade à cultura do dendê, uma vez que as propriedades químicas naturais, embora desejáveis, são menos limitantes, uma vez que as produções desejadas podem ser atingidas com o emprego de corretivos e fertilizantes. Graças à elevada tolerância da planta, uma variação moderada nas condições ótimas não chega a ser fator limitante para o seu cultivo, podendo, porém, causar redução no rendimento e, assim, aumento do custo de produção, se forem adotadas as medidas corretivas disponíveis.

Exigências agronômicas

Além dos aspectos de clima e solo, também devem ser considerados outros fatores igualmente vitais para a viabilização do projeto, como dimensionamento correto da área de cultivo, capaz de tornar a indústria autossuficiente em matéria-prima; escolha da variedade mais adequada para a região; aquisição de sementes certificadas, provenientes de matrizes portadoras de alto patrimônio genético; implantação e condução corretas dos viveiros e do plantio definitivo no campo; localização e topografia adequadas; disponibilidade de água; vias de acesso em boas condições de tráfego; e disponibilidade local de mão de obra.

Localização

É importante observar que as características e dimensões de uma plantação de dendê exigem certos critérios na definição do seu local de implantação, uma vez que o volume de carga a ser movimentado (insumos e produtos), o contingente de mão de obra a ser empregado, e a quantidade de equipamentos (máquinas e veículos) em movimentação exige uma infraestrutura compatível com a magnitude do empreendimento.

Topografia

Em geral considera-se que a inclinação aceitável para a implantação da cultura é de 10%; entretanto, é desejável que os plantios sejam instalados em áreas com até 5% de declividade. A fim de evitar custos elevados de implantação, problemas com colheitas e erosão do solo, portanto, áreas com topografia entre suavemente ondulada e plana são mais desejáveis. Em grandes plantações, declividades superiores a 10% devem ser evitadas, e para declividades superiores a 5%, os plantios devem ser feitos em linha de nível, empregando-se adequadas técnicas conservacionistas.

Acesso

A cultura do dendê caracteriza-se por ser do tipo agroindustrial e por exigir condicionamento de colheita, transporte, beneficiamento e comercialização do óleo. Por isso deve ser considerado o acesso constante para o recebimento de insumos, escoamento da produção e deslocamento do pessoal.

Mão de obra

Pelas características da atividade, a cultura do dendê exige alto contingente de mão de obra atuando o ano todo nas diversas tarefas rotineiras e, por conseguinte, exigirá uma infraestrutura social (vilas, escolas, comércio, etc.) adequada, além de um sistema de transporte eficiente, visando atender a emergências em termos de apoio técnico-administrativo e de saúde.

Exigências gerenciais

Como todo empreendimento empresarial, a dendeicultura exige também um gerenciamento profissional competente. Para alguns cargos e funções, a formação de nível superior é indispensável, como também as de nível médio para cargos e funções com atribuições de supervisão. Para todo e qualquer procedimento operacional, é imprescindível a existência de manuais de operação específicos.

O ÓLEO DE DENDÊ NO MERCADO MUNDIAL A partir do século XVI, pequenas quantidades de óleo de palma produzido na África foram comercializadas na Inglaterra. Devido às supostas propriedades medicinais atribuídas a ele, seu uso era essencialmente farmacêutico. Contudo, apenas a partir do século XIX é que se estabeleceu um mercado regular para esse óleo.

Alguns fatos importantes aconteceram e foram determinantes para o desenvolvimento da dendeicultura no cenário mundial: a Revolução Industrial e o surgimento da margarina. O crescimento das importações de óleo resultou da acelerada demanda durante a Revolução Industrial, pois o óleo de dendê encontrou pronto uso nas indústrias de sabão e de velas, sendo também utilizado como lubrificante nas estradas de ferro. Todavia, foi o surgimento da margarina que marcou definitivamente seu futuro no mercado mundial.

Em 1869 foi formulado um substituto para a manteiga tradicional a partir da hidrogenação de gordura animal. Em 1870 teve início a produção da nova manteiga, que veio a se chamar, mais tarde, margarina. Em pouco tempo, o novo produto conquistou os mercados europeu e norte-americano, quando o suprimento de gordura animal tornou-se insuficiente e a nova indústria teve de apelar para o óleo de dendê proveniente da África, único produtor na época. Logo, o óleo de dendê passou a ser demandado em escala crescente. Como a oferta e a qualidade do óleo produzido na África não atendiam às exigências do mercado emergente, produtores da Malásia investiram na cultura do dendê, visando à produção de óleo compatível com os padrões de tolerância e de aceitabilidade dos demandantes mais exigentes, objetivo que em pouco tempo foi plenamente alcançado e é mantido até hoje.

BENEFICIAMENTO O beneficiamento do dendê para a extração dos óleos deve ser iniciado imediatamente após a colheita. O processamento consta de esterilização, debulha, digestão, prensagem, filtração e clarificação, que são operações unitárias comuns aos processos industrial e artesanal, variando apenas os equipamentos e utensílios utilizados em cada caso.

1. **Esterilização**: inativa as enzimas que provocam acidez e facilita a debulha.
2. **Debulha**: separa os frutos do cacho.
3. **Digestão**: desarticula a estrutura fibrosa da polpa para facilitar a liberação do óleo.
4. **Prensagem**: separa o óleo contido no material digerido, restando uma massa formada por fibras e sementes.
5. **Filtração**: separa as fases do óleo.
6. **Clarificação**: por aquecimento e decantação, elimina a umidade e precipita partículas sólidas em suspensão.
Observação: As fibras, tanto na indústria quanto no processo artesanal, após a secagem, são utilizadas como combustível nas caldeiras ou nas fornalhas que aquecem os tachos de cozimento. As sementes são levadas para os quebradores e, em seguida, são separadas cascas e amêndoas. E destas, após serem esmagadas por prensagem, é extraído o óleo de palmiste; o resíduo contendo de 14% a 18% de proteína é a torta utilizada como componente de ração animal.

O DENDÊ COMO FONTE DE MATÉRIA-PRIMA INDUSTRIAL Do fruto do dendezeiro nada se perde, pois tudo tem aplicação nobre: os óleos são usados como matéria-prima para os mais diversos segmentos industriais; a torta de palmiste entra na composição de ração animal; e as cascas entram na produção de carvão ativado.

O caráter biodegradável das matérias-primas renováveis e sua indicação como alternativa potencial a diversos produtos petroquímicos e matérias-primas minerais coloca os óleos vegetais em destacada posição no cenário industrial moderno, pois através da oleoquímica é possível obter intermediários químicos, lubrificantes, detergentes, plásticos, bicombustível e, futuramente, produtos mais sofisticados através de processos biotecnológicos.

A justa preocupação com a preservação do meio ambiente sugere a substituição dos derivados do petróleo por óleos vegetais nos segmentos industriais de produtos biodegradáveis. A consolidação do setor poderá vir a ser a mais oportuna opção para o óleo de palma, pois em várias partes do mundo já se evidencia a tendência de substituição dos derivados do petróleo por óleos vegetais.

O dendê, pelas suas características físico-químicas, é o óleo que apresenta as maiores possibilidades de vir a ser a matéria-prima mais adequada para as indústrias de produtos não alimentícios, em especial no que diz respeito ao processo de interação com os derivados do petróleo entre a petroquímica e a lipoquímica, nas linhas de produtos biodegradáveis, e em atendimento ao apelo mundial em defesa do meio ambiente.

O óleo de palma é a matéria-prima preferida das indústrias produtoras de gorduras hidrogenadas, e a razão de tal preferência é a sua versatilidade como matéria-prima capaz de dar origem a um sem-número de produtos derivados com o mais baixo custo de produção, graças ao seu conteúdo de ácidos graxos. Comparado com outros óleos, o dendê é o que exige menor quantidade de hidrogênio no processo de hidrogenação. Assim, para solidificar uma tonelada de óleo de dendê são necessários 2,3 m^3 de hidrogênio. Já para solidificar a mesma quantidade de óleo de soja são necessários 62,3 m^3 de hidrogênio. Veja o quadro 2.

Quadro 2 Quantidade teórica de hidrogênio para solidificar uma tonelada de vários óleos e seus custos na Malásia

ÓLEO	QUANTIDADE TEÓRICA DE HIDROGÊNIO (m³) NECESSÁRIA PARA SOLIDIFICAR UMA TONELADA DE ÓLEO A 40° C	CUSTO DO HIDROGÊNIO NECESSÁRIO (m$ 3.18/m³)
Amendoim	28,2	89,67
Girassol	62,3	198,11
Algodão	45,4	144,37
Soja	62,6	199,07
Dendê	2,3	7,31
Gergelim	45,4	144,37

FONTE: PORAM, FOLHETO TÉCNICO, 1981.

O DENDÊ COMO ÓLEO COMESTÍVEL Apesar de o óleo de palma ser o segundo óleo comestível mais consumido no mundo e o mais requisitado pelas indústrias de gorduras hidrogenadas, só há pouco tempo os pesquisadores em nutrição humana começaram a estudar com profundidade as suas propriedades nutricionais. Enquanto no campo da alimentação animal ele é razoavelmente bem estudado, em especial em comparação com os outros óleos comestíveis que já entram na formulação de rações balanceadas, em trabalhos experimentais com várias espécies animais, os resultados obtidos o colocam sempre como o mais indicado. Vale salientar que seu valor nutricional se evidencia ainda mais pelo significativo nível de tocoferol (vitamina E) presente no produto refinado. Essa vitamina atua como agente protetor natural contra a oxidação do óleo. A presença de tocoferol e a sua estável composição química fazem do óleo de palma a gordura mais adequada para as frituras. Mesmo superaquecido ele mantém um odor agradável, oxida menos que outros óleos comestíveis e apresenta pouca tendência a formar subprodutos indesejáveis, como normalmente ocorre com outros óleos. E a julgar pelo singular arranjo dos seus ácidos graxos e o índice de digestibilidade apresentado, o óleo de palma pode ser incluído entre os mais saudáveis dos óleos vegetais comestíveis, podendo ter maior destaque ainda pela riqueza em vitamina A que apresenta, sendo, portanto, do ponto de vista da saúde, um dos mais indicados para o consumo humano.

Entre todas as propriedades fundamentais de um óleo vegetal considerado comestível está o grau de digestibilidade que ele apresenta para o consumo humano ou mesmo para os animais. As gorduras comestíveis, em geral, apresentam uma digestibilidade entre 95% a 100%. O óleo de palma pode ser considerado um excelente óleo comestível porque, entre outras qualidades, apresenta uma digestibilidade em torno de 97%.

COMPOSIÇÃO QUÍMICA A composição química do óleo pode variar de acordo com a variedade do dendê obtida através de melhoramento genético. O híbrido *tenera*, em especial as linhagens desenvolvidas na Malásia, produz um óleo de melhor qualidade para fins alimentícios.

O óleo de palma é um óleo semissólido rico em vitaminas, caroteno e tocoferol, apresentando, ainda, uma estrutura singular de triglicérides que lhe proporciona uma incrível versatilidade como a matéria-prima preferida pelas indústrias de gorduras sólidas comestíveis. Os ácidos graxos estão presentes na forma de glicérides e cerca de 50% desses ácidos são saturados. O resto são ácidos graxos insaturados, sendo 40% de monoinsaturado e 10% de di-insaturado.

QUALIDADE DO ÓLEO Está ligada diretamente não só à composição química como também a certos cuidados que devem ser observados desde a colheita do cacho até a estocagem e o transporte do óleo extraído. Os frutos devem estar no ponto ideal de maturação, e o processo de extração deve ser iniciado imediatamente após a colheita, ou no máximo até 48 horas depois.

Após a colheita, os frutos ficam vulneráveis às intempéries, ao ataque de insetos e roedores, e a danos físicos que expõem o óleo ao contato com o oxigênio do ar, e quanto maior for essa exposição, mais rápido e com maior intensidade surgirá a acidez provocada pela hidrólise enzimática que pode vir a ocorrer no mesocarpo do fruto ferido, aumentando de maneira significativa a presença de ácidos graxos livres, o que, por sua vez, vai comprometer a estabilidade hidrolítica do óleo.

Durante as etapas de extração, estocagem e transporte, algumas precauções devem ser tomadas para evitar o excesso de umidade do óleo, pois, caso isso aconteça, haverá oxidação, o que irá comprometer a estabilidade, alterar o sabor e o odor do óleo, e causar problemas no seu refino e branqueamento.

A acidez original do óleo é baixíssima como a de qualquer óleo vegetal produzido e conservado em condições adequadas. Todavia, em condições anômalas, a acidez pode atingir níveis elevadíssimos, alterando o perfil bioquímico do óleo e, por conta disso, provocando o desenvolvimento de componentes deletérios para a saúde humana.

FORMAS DE CONSUMO DO DENDÊ O dendê é uma oleaginosa que oferece para consumo alimentar os frutos e os óleos produzidos a partir do mesocarpo e da semente. Conforme o nível cultural e os hábitos alimentares típicos dos consumidores, os produtos do dendê podem ser consumidos *in natura*, processados ou transformados nas indústrias. O consumo *in natura* tanto dos óleos quanto dos frutos, que são consumidos crus, assados ou cozidos, só ocorre na África e na Bahia. Todavia, o consumo dos derivados do dendê, processados ou transformados industrialmente, já está consolidado nos principais mercados consumidores do mundo.

ÓLEO *IN NATURA*

Além da África, somente na Bahia existe o hábito de consumo de maneira regular do azeite de dendê no seu estado natural, graças à influência do negro africano na cultura baiana. Nas demais partes do mundo onde o dendê já é cultivado, como em alguns países da Ásia, da América Central e da América do Sul, ainda existe forte rejeição à sua inclusão nos hábitos alimentares das respectivas populações.

Óleo processado

Submetido a processamento físico, isto é, sem utilização de produtos químicos, o azeite de dendê pode ser condicionado para substituir os óleos tradicionalmente usados na cozinha, como soja, milho, canola, etc., sem transferir para o alimento os seus caracteres organolépticos marcantes. Além disso, através de um maior requinte no processamento, é possível produzir um óleo de mesa que substitui de forma satisfatória o azeite de oliva. E para qualquer opção de uso, o processamento consta do refino, desodorização e branqueamento, operações unitárias simples que visam reduzir a viscosidade, neutralizar o odor e o sabor, e retirar os pigmentos carotenoides responsáveis pela coloração alaranjada do óleo, mantendo, porém, intacto o conteúdo de tocoferol (vitamina E), o que valoriza ainda mais a sua qualidade como óleo comestível.

O novo produto, conhecido como RDB, já conquistou o mercado internacional, graças ao reconhecimento dos seus atributos positivos. Hoje, é muito consumido na Europa, nos Estados Unidos, no México e na América Central; porém, ainda é pouco conhecido no Brasil.

Entre outras vantagens, a produção de RDB resulta também da recuperação da estearina, outra matéria-prima de grande expressão econômica usada nos mais diversos segmentos industriais da oleoquímica, cuja demanda é superior à produção mundial. E para suprir o déficit nacional de sebo, o Brasil importa estearina até para fabricar sabão doméstico.

Transformado industrialmente

A versatilidade do óleo de palma como matéria-prima justifica a sua presença em cerca de 140 produtos provenientes dos diferentes segmentos industriais, como os alimentício, químico e farmacêutico. Na linha de alimentos são produzidos diversos tipos de gorduras com características específicas para determinados tipos de produtos. Por isso o dendê está presente na maioria dos alimentos industrializados, cuja receita recomenda a utilização de gordura hidrogenada. Portanto, participa da composição de sorvetes, achocolatados, misturas para bolos, sopas instantâneas, massas diversas, pães especiais, biscoitos, pastelaria fina, etc.

Não só na indústria de alimentos, como também na indústria química e farmacêutica da Ásia, Europa e Estados Unidos, o óleo de dendê participa de forma destacada na composição de vários produtos. É encontrado em produtos de beleza como loções, cremes, xampus, sabões e produtos de uso técnico, como graxas especiais para lubrificação, óleos lubrificantes, velas, emulsificantes, tintas e detergentes.

O óleo de palma submetido ao processo de refinação mantém certas qualidades que lhe possibilitam ser utilizado em diversos processos sem intervenção da hidrogenação, o que não ocorre facilmente com outro óleo vegetal. Todavia, quando é submetido ao processo de fracionamento, hidrogenação ou interesterificação, aumenta de maneira considerável suas possibilidades de uso, em particular na fabricação de produtos alimentícios especiais e sofisticados, como *vanaspati, ghee*,* creme branqueador de café, manteiga de pastelaria, além do substituto da manteiga de cacau, de uso frequente em diversas partes do mundo.

O ÓLEO DE DENDÊ E A SAÚDE HUMANA A julgar pelo singular arranjo dos seus ácidos graxos e pelo índice de digestibilidade apresentado, o óleo de dendê pode ser incluído entre os mais saudáveis dos óleos vegetais comestíveis, podendo ter maior destaque ainda pela riqueza em vitaminas A e E que apresenta, sendo, portanto, do ponto de vista da saúde, um dos mais indicados para o consumo humano.

Na África, o óleo de palma tem sido, através dos séculos, a maior fonte natural de gorduras na alimentação das comunidades tribais no oeste do continente, onde os habitantes das regiões dendezeiras têm o hábito de consumi-lo *in natura*, ou seja, com as suas propriedades físico-químicas e organolépticas totalmente intactas.

---

* *Vanaspati*: óleo vegetal hidrogenado purificado, de uso bastante comum na Índia, similar à margarina e enriquecido com vitaminas A e D. Ghee: forma semilíquida de manteiga da qual a água e os elementos sólidos do leite foram removidos pelo aquecimento lento e pela filtragem. É uma manteiga clarificada e purificada, livre de todos os seus resíduos lácteos. (N. E.)

Em regiões do continente onde o dendê é a única fonte de alimento calórico, constata-se um fenômeno que parece traduzir uma realidade: membros das comunidades que consomem o óleo de dendê como fonte de gordura vegetal, ao contrário daqueles de regiões onde o dendê não existe, demonstram mais vitalidade e são, de fato, mais produtivos, e aparentemente, mais resistentes a determinadas doenças endêmicas. Com menor evidência constata-se também a mesma divergência entre indivíduos das regiões mais pobres do nordeste baiano e das regiões produtoras de dendê. Outra observação que também merece atenção é a incidência de cegueira, lepra e raquitismo em regiões pobres do continente africano, que, por coincidência ou não, parece ser mais baixa nas regiões onde existe dendê. Na realidade, esses dados, embora evidentes e bastante comentados, não passam de meras observações que necessitam de respaldo científico.

Carência calórica na América Latina

Estudos da Organização do Alimento e Agricultura (Food and Agriculture Organization – FAO) revelam que a fome na América Latina não se limita apenas aos casos de fome total, de verdadeira inanição, mas também aos casos mais frequentes e muito mais generalizados de fome parcial, de fome oculta ou específica, resultante de carência alimentar de certos princípios nutritivos e essenciais à vida. Assim, o número de indivíduos sacrificados por esse tipo de desnutrição crônica ou fome endêmica é dezenas de vezes maior que o das vítimas dos espasmódicos episódios de fome aguda.

Para prevenir ou minimizar os efeitos nocivos da deficiência calórica na América Latina, a FAO recomenda pensar no potencial do dendê para desempenhar um importante papel como fonte natural de alimento calórico, graças à presença dos ácidos graxos insaturados, enriquecidos com componentes essenciais como as substâncias carotenoides e o tocoferol, precursores das vitaminas A e E, respectivamente.

Como o dendê é uma oleaginosa abundante em quase todos os países da América Latina, e por ser visto hoje como uma das maiores fontes de óleo vegetal comestível, o óleo de palma poderia ser considerado uma alternativa viável para suprir as necessidades calóricas de boa parte da população latino-americana.

MITOS E VERDADES

A experiência milenar da África e a secular da Bahia são o maior testemunho de que o óleo de dendê é absolutamente compatível com a saúde humana. Tal assertiva é embasada nos resultados de pesquisas realizadas por renomados pesquisadores de universidades e conceituadas instituições de pesquisas situadas em países não produtores de dendê e, por consequência, isentos de interesses subalternos. Além disso, neste momento, quando a ciência médica dispõe dos mais sofisticados e eficientes meios de diagnóstico, não há registro na literatura científica especializada de qualquer resultado suspeito ou conclusivo acerca da contraindicação do dendê na alimentação humana. Todavia, o que de fato existe com relação a esse estigma são manifestações pessoais de opiniões equivocadas, pertinentes à desinformação, a tabus alimentares e a preconceitos em nível regional, cultural e racial.

O dendê, como muita gente pensa e afirma, *não é um óleo ácido*. Pelo contrário; originalmente, sua acidez natural é insignificante, e assim permanecerá enquanto a integridade física dos frutos for preservada. Durante e após o processo de extração, a acidez natural do óleo pode subir a taxas indesejáveis, e para que isso não ocorra é indispensável a adoção de cuidados especiais no pós-colheita, na extração, estocagem, transporte, e no uso no destino final, ou seja, por parte do consumidor.

O mau uso do óleo na cozinha é, sem dúvida, um grande responsável pela rejeição passageira ou definitiva manifestada por algumas pessoas. É comum na própria residência ou em determinados restaurantes o uso abusivo do azeite de dendê na composição de pratos considerados típicos da culinária baiana. A quantidade excessiva do óleo na receita, além de quebrar a harmonia dos sabores, pode provocar possíveis distúrbios digestivos, fato que ocorreria com qualquer óleo, independentemente da sua origem.

Sem dúvida alguma, o dendê é um óleo injustiçado, estigmatizado como incompatível com a saúde humana. Para algumas pessoas é considerado um óleo "pesado", impróprio, portanto, para consumo regular em clima tropical, e por isso restrito a esporádicas ocasiões.

No âmbito internacional, devido a interesses econômicos e à disputa de mercado, o dendê enfrentou durante quase duas décadas uma milionária campanha publicitária patrocinada pelo poder econômico dos sojicultores norte-americanos. A sórdida campanha foi direcionada, em especial, à América Central, onde é marcante a participação do dendê na produção e consumo de gorduras comestíveis como RDB e gorduras hidrogenadas.

Com explícita conotação pejorativa, o óleo de dendê passou a ser denominado simplesmente *óleo tropical*. Dessa forma, era referido nos luxuosos cartazes expostos em pontos estratégicos dos principais centros consumidores de gorduras hidrogenadas. Além disso, nos rótulos dos produtos portadores de gorduras derivadas do dendê, era obrigatório constar a informação: "Este produto contém óleo tropical". A descabida exigência foi revogada depois de longa batalha judicial. Além das supostas qualidades negativas, conferidas de maneira injusta ao dendê, e decorrentes, como já foi mencionado, de informações equivocadas, também é inadmissível a omissão de pesquisadores, técnicos e produtores sobre o fantástico potencial do azeite de dendê no mercado de produtos orgânicos, fato que já foi divulgado em diversos municípios produtores da Bahia e em eventos internacionais da RED Latino-Americana de Palma Aceitera. Na realidade, o atributo mais importante do azeite de dendê proveniente da exploração extrativista dos dendezais subespontâneos da Bahia é o seu caráter naturalmente orgânico, pois ao longo da sua secular existência, jamais as palmeiras receberam qualquer tipo de fertilizantes ou de defensivos químicos. O resto é só introduzir e praticar as boas técnicas de processamento industrial de forma efetiva, cumprindo o rigoroso Protocolo do Instituto Biodinâmico para garantir a qualidade do produto final e, por último, buscar a conquista do Selo Verde, a exemplo da Agropalma, do Pará, que já o conquistou para seus produtos, como o RDB e as gorduras hidrogenadas.

DENDEICULTURA NO CENÁRIO MUNDIAL

MALÁSIA

Com o advento da margarina em 1869 e a precária oferta do sebo de boi, matéria-prima então utilizada no processo produtivo, surgiu uma grande oportunidade de mercado para o óleo de dendê produzido até então apenas na África. Todavia, a demanda foi limitada de maneira drástica, tanto pela pequena oferta quanto pelo baixo nível de qualidade do referido óleo.

Nas primeiras duas décadas do século XX aconteceram dois fatos importantes que mais tarde exerceram uma profunda influência na exigência da qualidade do produto ofertado: a definição de normas de qualidade para o óleo importado e a introdução do cultivo do dendê no Sudeste Asiático, já com certo grau de tecnologia.

A Malásia se destacou muito cedo entre todos os produtores mundiais de dendê, tanto no que se refere à quantidade de área plantada quanto à produtividade e, muito mais, à qualidade do produto final. O surpreendente desenvolvimento da dendeicultura nesse país foi um dos acontecimentos mais importantes na história da agricultura mundial do século XX. A área plantada inicial atingiu 7.695 hectares em 1925 e 1 milhão em 1983, oportunidade em que o dendê passou a ser o segundo cultivo mais importante do país.

Depois, a produção de óleo apresentou um significativo aumento: passou de 92.150 toneladas em 1960 para 3 milhões em 1983, e com previsão de incremento para mais de 4 milhões em 1985, por meio do programa de vinte anos. Com a conquista das metas projetadas, a produção atual do país é superior a 13,5 milhões de toneladas.

Reconhecendo a importância do dendê para a economia do país, o governo criou o Instituto de Pesquisas sobre o Óleo de Palma da Malásia (Palm Oil Research Institute of Malaysia – Porim), instituição de pesquisa e desenvolvimento cujo objetivo é apoiar a dendeicultura em todos os seus aspectos.

Logo em seguida, o governo identificou no agronegócio do dendê um oportuno instrumento para inserir o trabalhador rural sem-terra em projetos de produção coletiva. A partir desse entendimento foi criada a Organização Federal para o Aproveitamento da Terra (Federal Land Development Authority – Felda), destinada à criação e administração dos projetos. A Felda é considerada a maior, mais bem-sucedida e mais experiente agência de desenvolvimento rural do mundo a aplicar a tecnologia de *plantations* em projetos de ocupação de terras com pequenos produtores. Trata-se de um modelo de desenvolvimento rural que reconhece que o programa tem objetivos sociais e econômicos, e que não é possível isolar um do outro. Por isso tem filosofia social e gerenciamento capitalista. O sistema não tem conotação filantrópica; participa quem preenche os requisitos estabelecidos e cada participante é considerado um pequeno empresário atuando num sistema de produção coletiva e subordinado a uma administração central. E para comprovar a eficiência do programa, é oportuno destacar que grande parte da produção de óleo da Malásia provém dos projetos administrados pela Felda.

Hoje, a Malásia é o maior produtor mundial de dendê, posição que não poderá manter por muito tempo por não contar com áreas disponíveis para a ampliação dos seus plantios. Todavia, continuará como líder absoluto no cenário da dendeicultura mundial.

Colômbia

É o maior produtor de dendê da América Latina. As tecnologias de produção agrícola e de processamento da matéria-prima são de excelente nível, como também a produção de gorduras hidrogenadas e de RDB.

O país se destaca também pela existência de um parque metalúrgico altamente especializado na fabricação e montagem de usinas de grande porte para extração e refino do óleo, que atende à demanda interna e dos países vizinhos.

Honduras

A dendeicultura hondurenha está em franco crescimento, com expressivos índices de produção e de ocupação da mão de obra rural. O grande destaque é o sistema cooperativo, que serve de exemplo para os demais países do continente.

Em 1970 foi iniciada a organização cooperativa denominada Projeto Bajo Aguán. Um ano mais tarde se formaram as primeiras cinco cooperativas com setecentos sócios e uma população de 3.500 pessoas, todas elas dedicadas ao cultivo de dendê. Em 1976 foi instalada a primeira planta rudimentar de extração com capacidade para processar 0,75 tonelada de dendê em cacho. Em 1979 a extensão da área cultivada com dendê chegou a 10.200 hectares, e nesse mesmo ano a primeira planta rudimentar foi ampliada para processar cinco toneladas. Daí em diante outras plantas de extração foram instaladas.

A Coapalma Ltda. (Empresas Cooperativas Agroindustriais de Óleo de Palma em prol da Reforma Agrária) congrega atualmente 53 cooperativas, com 3.500 famílias associadas e beneficiando 27 mil pessoas, todas envolvidas com a cultura do dendê. O Projeto Bajo Aguán é uma versão em pequeno porte do sistema Felda da Malásia, que foi adaptado, de forma inteligente, às condições locais.

Nos demais países, como Costa Rica, Panamá, República Dominicana, Equador e Peru, a dendeicultura está se fixando, sem grandes destaques, como agronegócio.

BRASIL

A despeito da grande disponibilidade de terras com aptidão plena para a cultura do dendê, 70 milhões de hectares na região amazônica e 800 mil na Bahia, da experiência secular na exploração extrativista dos dendezais subespontâneos e mais recentemente com os dendezais de cultivo, se comparado com outros países, o desempenho do Brasil é insignificante. O dendê de cultivo está presente na Bahia, Pará, Amapá e Amazonas, enquanto os dendezais subespontâneos só existem na Bahia. No Amapá e no Amazonas a atividade está em fase incipiente, com baixa produção.

Pará

É o maior produtor brasileiro de dendê, com produção de óleo em torno de 80 mil toneladas. O dendê foi introduzido no estado por iniciativa do setor privado, obviamente influenciado pela experiência positiva constatada em outros países e o fascínio pelas condições favoráveis da região para o cultivo do dendê, além do apoio oficial disponibilizado. O efetivo apoio do governo estadual foi fundamental para abrir o caminho da viabilização da dendeicultura no estado.

A consolidação do primeiro projeto agroindustrial de dendê instalado na região amazônica e seu efeito demonstração não tardou a motivar o surgimento de outros empreendimentos, em dimensões diversas. A atividade ganhou novos adeptos, médios e pequenos produtores, em especial membros da colônia japonesa, que antes se dedicavam à produção comercial de mamão. Esses produtores aderiram à dendeicultura e, com a assistência técnica da Embrapa, logo se tornaram eficientes dendeicultores. Mais tarde, a atividade foi fortalecida com o surgimento de associações e, por fim, com a criação da cooperativa de produtores de dendê.

No início da década de 1980 foi fundada a Agropalma, maior agroindústria brasileira, situada a 150 km de Belém, onde cultiva cerca de 3,5 milhões de palmeiras e emprega cerca de mil servidores, mantendo convênio de parceria com pequenos produtores locais, aos quais fornece mudas, insumos, treinamento, assistência técnica e garantia de escoamento da produção a preço justo.

A empresa mantém uma complexa infraestrutura formada por grandes áreas de plantio, usinas de extração, moderna refinaria de óleo (única no Brasil a conquistar o selo verde fornecido pelo Instituto Biodinâmico) e instalações abrangentes para os servidores e seus familiares, com vilas residenciais dispondo de assistência médico-hospitalar, supermercados, opções de comunicação, escolas, equipamentos de recreação e transporte eficiente.

Bahia

A dendeicultura baiana é caracterizada pela ausência de dendezais nativos e pela presença simultânea de dendezais subespontâneos e cultivados. A área de dendezais cultivados é de apenas 11.320 hectares distribuídos nos municípios de Nazaré, Taperoá, Nilo Peçanha e Una, e a área de dendezais subespontâneos é de 19.657 hectares distribuídos nos municípios de Valença, Taperoá, Nilo Peçanha, Ituberá e Camamu.

A despeito da experiência secular na exploração extrativista da produção dos dendezais subespontâneos e da recente exploração dos dendezais de cultivo, a dendeicultura na Bahia está em completa estagnação. A produção dos dendezais subespontâneos, com acentuada possibilidade de extinção, está diminuindo acentuadamente. Porém, não se percebe a sinalização da predisposição do incremento dos dendezais de cultivo, a despeito da existência de cinco indústrias de extração, duas inativas e três funcionando com ociosidade, e do apoio disponibilizado pela Comissão Executiva de Plano da Lavoura Cacaueira (Ceplac) tanto com assistência técnica quanto com o fornecimento de sementes provenientes de materiais genéticos de altíssima qualidade.

BIBLIOGRAFIA

AGUIAR, S. C. *A agroindústria não alimentar e a complementariedade entre a lipoquímica e a petroquímica: uma oportunidade em promover a descentralização no estado da Bahia.* Paris: Cired, 1989.

BACIGALUPO, A. "La utilización del aceite de palma en la alimentación humana". Em FAO. *Palma Aceitera – V Mesa-Redonda.* Santo Domingo, Equador: FAO, 1988.

BARCELOS, E. *et al. Dendê: informações básicas para seu cultivo.* Brasília: Embrapa, 1987.

_____. *Dendeicultura: alternativa para o desenvolvimento sustentável do Amazonas.* Brasília: Embrapa, 1999.

BARONS, C. *et al.* "Etude nutritionelle comparée de différentes huiles de palme". Em *Oleagineaux*, n° 29, 1974.

BERGER, K. G. *The Use of Palm Oil Products in Margarines.* Kuala Lumpur: Porim Technology, 1981.

_____. *Food Uses of Palm Oil.* Kuala Lumpur: Porim Technology, 1981.

CALLOWAY, D. H. & KURTZ, G. W. "The Absorbability of Natural and Modified Tastes". Em *Food Research*, n° 21, 1956.

ESTADOS UNIDOS. "Composition of Foods". Em *Manual de Agricultura*, nos 8-4, Departamento de Agricultura dos Estados Unidos, 1979.

FRIEDEL, M. C. "Materias grasas descubiertas en una tumba egipcia en Abydos". Em *Comptes Rendus*, n° 24, 1897.

GOH, S. H. *et al.* "Constituyentes menores del aceite de palma". Em *American Journal of Oil Chemical Society*, n° 62, 1985.

HARTMANN, A. A. & DENECA, S. A. "Uso da estearina de palma como matéria-prima industrial". Em FAO. *V Mesa-Redonda Latino-Americana.* Santo Domingo, Equador: FAO, 1988.

KHEIRI, M. S. A. "End Uses of Palm Oil". Em GUNSTONE, F. D. (org.). *Critical Reports on Applied Chemistry*. Londres: Society of Chemical Industry, 1987.

LEANG, W. L. & BERGER, K. G. *Storage, Handling and Transportation of Palm Oil Products*. Kuala Lumpur: Porim Technology, 1982.

MENEZES, J. A. & SILVA, L. F. "Formas de organização da produção de dendê e possibilidades agroindustriais no Sudeste da Bahia". Em *I Reunião Ordinária da Câmara Setorial de Dendê*. Salvador, julho de 1991.

MENSINK, R. P. & KATAN, M. B. "Efectos de una dieta enriquecida con ácidos grasos no monosaturados o no polinsaturados en los niveles del colesterol de baja densidad y de alta densidad lipoproteica en hombres y mujeres sanos". Em *New England Journal of Medicine*, n° 321, 1989.

MIELKE, S. "Perspectivas del aceite de palma hasta el año 2000". Em *Oil Word*, n° 30, 1987.

MÜLLER, A. A. *A cultura do dendê*. Brasília: Embrapa, 1980.

OLIVEIRA, H. P. *A dendeicultura no cenário mundial*. Relatório para PNUD/Unesco/Finep, julho de 1984.

_____. "Papel de lo aceite de palma en la solución de los problemas de bajo consumo calórico en América Latina. Su consumo y la salud humana". Em *IV Mesa-Redonda Latino-Americana de Palma Aceitera*. Bogotá: Valldupar, 1986.

SUGANO, M. "Un argumento contra la teoría de que los aceites tropicales son perjudiciales". Em *Lipids*, n° 40, 1987.

TAN, B. K. & FLINGOH, C. H. *Malaysian Palm Oil Chemical and Physical Characteristics*. Kuala Lumpur: Porim Technology, 1961.

Aspectos tecnológicos e nutricionais do dendê ou óleo de palma (*Elaeis guineensis*)

Deusdélia Teixeira de Almeida

COMPOSIÇÃO DO ÓLEO DE PALMA

Ácidos graxos

Os frutos da palmeira *Elaeis guineensis*, *Elaeis oleifera* ou *Elaeis odora* são coquinhos ovoides amarelos ou cor de laranja de tamanho variável, pesando em torno de 10 g, sendo utilizados com frequência para a produção de dois tipos de óleo: dendê ou de palma (*palm oil*) e palmiste (*palm kernel oil*), extraídos do mesocarpo (polpa) e das sementes do fruto, respectivamente. O mesocarpo produz 49% de óleo de palma, e a semente, por volta de 50% de óleo de palmiste. Este último é semissólido a temperatura ambiente, de coloração escura com elevada proporção de ácido láurico (C_{12}) e mirístico (C_{14}), utilizado na produção de produtos de confeitaria, sorvetes, sabões, detergentes, entre outros.

O óleo de palma contém 44,1% de ácido palmítico (C_{16}), 39,0% de ácido oleico ($C_{18:1}$), 10% de ácido linoleico ($C_{18:2}$) e 4,5% de ácido esteárico ($C_{18:0}$). Essa mistura de gorduras saturadas, monoinsaturadas e polinsaturadas faz com que o óleo apresente uma ampla variedade de pontos de fusão, podendo ser separado em uma fração sólida (estearina) e outra líquida (oleína) (Tabela 1 e Figura 1). A partir destas, a indústria de refino obtém as demais frações empregadas para a elaboração de diversos produtos.

A fração estearina consiste de grandes quantidades de ácidos graxos saturados C_{48} (PPP), C_{50} (PEP) e C_{52}(PEE), e suas características físicas diferem do óleo de palma e da oleína, estando disponível em uma ampla gama de pontos de fusão e índice de iodo, o que permite seu emprego como fonte de gordura totalmente natural em margarinas, massas, produtos de confeitaria e panificação.

A oleína da palma é totalmente líquida, em especial em climas quentes, sendo mais restrita em triglicérides contendo grandes quantidades de ácidos graxos insaturados – C_{52} (principalmente dioleopalmitina (POO) e palmito-oleolinoleína (OLP)) e C54 (principalmente trioleína (OOO)). Existe uma grande demanda pela fração com elevado índice de iodo (>60) e baixo ponto de fusão (20 ˚C) denominada superoleína, utilizada em saladas. A fração média apresenta propriedades entre a oleína e a estearina, contendo 60% de ácido palmítico e 40% de ácido oleico (POP), e esses ácidos são utilizados como substitutos da manteiga do cacau.

A distribuição dos ácidos graxos na molécula de triglicérides demonstra uma preferência pelos ácidos graxos insaturados na posição *sn-2*. Assim a distribuição POP (palmítico, oleico, palmítico) é dominante no óleo de palma (26%), com quantidades significativas de PLP (7%) e PPO (6%). Existe também elevada quantidade de POO (19%) e alguma de PLO (4%), e traços de ácidos graxos saturados na posição *sn-2* (PPP).

COMPONENTES MINORITÁRIOS

Os componentes minoritários podem ser divididos em dois grupos: derivados de ácidos graxos, fosfatídeos, ésteres e esteróis, e os compostos não relacionados quimicamente com os ácidos graxos, ou seja, hidrocarbonetos, alcoóis alifáticos, esteróis livres, pigmentos, tocoferóis e traços de metais.

Carotenoides

Os carotenoides são pigmentos vegetais altamente insaturados, de coloração amarela, laranja, vermelha, e que estão presentes em numerosos óleos vegetais, incluindo os de milho, amendoim, soja, oliva, entre outros. A concentração de carotenoides nesses óleos não

TABELA I Composição de ácidos graxos do óleo de palma e suas frações.

ÁCIDOS GRAXOS	ÓLEO DE PALMA VERMELHO	OLEÍNA DA PALMA	SUPEROLEÍNA	ESTEARINA DA PALMA
Láurico 12:0	0-0,2	0,1-0,2	0,4	0,1-0,2
Mirístico 14:0	0,8-1,3	0,9-1,0	1,4	1,0-1,3
Palmítico 16:0	43,1-46,3	39,5-40,8	31,5	46,5-68,9
Palmitoleico16;1	Traços-0,3	Traços-0,2	-	Traços -0,2
Esteárico 18:0	4,0-5,5	3,9-4,4	3,2	4,4-5,5
Oleico 18:1	36,7-40,8	42,7-43,9	49,2	19,9-38,4
Linoleico 18:2	9,4-11,9	10,6-11,4	13,7	4,1-9,3
Linolênico 18:3	0,1-0,4	0-0,4	0,3	0,1-0,4
Araquidônico20:0	0,1-0,4	0,1-0,3	0,4	0,1-0,3
Saturados	50,2	45,8	36,6	52,1-76,2
Monoinsaturados	39,2	42,5	49,2	19,9-38,6
Polinsaturados	10,5	11,6	14,0	4,2-9,5

FONTE: D. O. EDEM, "PALM OIL: BIOCHEMICAL, PHYSIOLOGICAL, NUTRITIONAL, HEMATOLOGICAL, AND TOXICOLOGICAL ASPECTS: A REVIEW", EM *PLANT FOODS FOR HUMAN NUTRITION*, VOL. 57, DORDRECHT, 2002, PP. 319-341.

ultrapassa 100 ppm. Os óleos de palma contêm a mais alta proporção de carotenoides entre todos os alimentos consumíveis, o que caracteriza sua coloração vermelho-alaranjada.

O α- e β-caroteno são os carotenoides majoritários, estando presentes em pequenas quantidades γ-caroteno, licopeno e xantofilas, existindo cerca de onze carotenoides no óleo bruto. O conteúdo de carotenoides varia com o grau de amadurecimento do fruto e o genótipo. O óleo de palma cultivado no Extremo Oriente e no Zaire contém cerca de 500 ppm a 800 ppm de carotenoides, enquanto no da Costa do Marfim e de Benin, os teores variam de 1.000 ppm a 1.600 ppm, ainda que o rendimento em óleo seja menor. O óleo obtido da variedade *Elaeis tenera*, amplamente cultivada na Malásia, tem um conteúdo de carotenoides entre 500 ppm e 700 ppm. Outras espécies de palma, como a *Elaeis oleifera*, plantada na América do Sul, apresentam elevadas concentrações de carotenoides: cerca de 4.600 ppm.

Nos estados do Pará e Bahia, o óleo de palma da variedade *tenera* chega a apresentar de 900 ppm a 1.140 ppm, e de 550 ppm a 650 ppm de carotenoides, respectivamente. Estudos com óleos brutos, centrifugados e refinados brasileiros demonstraram uma variação nos teores de β-caroteno da ordem de 142,69 ◄g/g a 314,15 ◄g/g nos óleos brutos, de 132,55 ◄g/g a 612,16 ◄g/g nos óleos centrifugados, e de 139,94 a 168,90 ◄g/g nos óleos refinados.

Alguns carotenoides são convertidos no interior do organismo por ação enzimática em vitamina A, embora alguns possam ser absorvidos intactos e depositados em vários tecidos. Embora o termo vitamina A tenha sido utilizado para denotar compostos químicos específicos, como o retinol e seus ésteres, é mais empregado como termo genérico para referir-se a compostos que exibem as propriedades biológicas do retinol. Assim, 1 ◄g de betacaroteno e outros carotenoides pró-vitamina A correspondem a 0,167 ◄g e 0,084 ◄g equivalente de retinol (RE), respectivamente.

Grande parte dos carotenoides é destruída durante o processo de refino, branqueamento e desodorização do óleo, devido ao emprego da esterilização utilizada para evitar as reações hidrolíticas produzidas pela presença de lípase. Existe certa dificuldade para promover uma descoloração eficiente do óleo bruto pela falta de entendimento acerca da origem, natureza e propriedades dos compostos que influenciam a cor residual do óleo processado. A cor final do óleo parece ser influenciada pelas reações oxidativas entre os carotenoides e ácidos graxos oxidados, e pela presença de compostos de alto peso molecular.

Para reter mais carotenoides, diversas metodologias têm sido empregadas, como a obtenção a partir das fibras submetidas a uma segunda prensagem a alta pressão. Também o Instituto de Pesquisas de Óleo de Palma da Malásia patenteou o método de refino físico que envolve a degomagem e o branqueamento, acompanhado de clarificação e desodorização por destilação molecular a baixas temperaturas (<170 °C) e pressão (100 mtorr). Com essa técnica se produz o óleo de palma vermelho com menos de 0,1% de acidez e impurezas, mas com retenção de vitamina E e 80% de carotenoides, denominado comercialmente *Carotino*. Esse óleo contém 500 ppm de carotenoides dos quais 90% estão presentes como α-caroteno (37%) e β-caroteno (47%); o licopeno representa 1,5% e o cis-α-caroteno 6,9%; os outros carotenoides apresentam-se em quantidades menores (Tabela 2).

TABELA 2 Composição de carotenoides do óleo de palma bruto e refinado

CAROTENOIDES	ÓLEO DE PALMA VERMELHO (%)	ÓLEO DE PALMA BRUTO (%)
Fitoeno	2,0	1,3
Fitoflueno	1,2	0,1
Cis-β–caroteno	0,8	0,7
β-caroteno	47,4	56,0
α-caroteno	37,0	35,1
Cis-α-caroteno	6,9	2,5
γ-caroteno	1,3	0,7
ζ-caroteno	0,5	0,3
δ-caroteno	0,6	0,8

CONT.

CAROTENOIDES	ÓLEO DE PALMA VERMELHO (%)	ÓLEO DE PALMA BRUTO (%)
Neurospeno	traços	0,3
β-zeacaroteno	0,5	0,7
α-zeacaroteno	0,3	0,2
Licopeno	1,5	1,3
Total (ppm)	545	673

FONTE: C. K. OOI. *ET AL.*, "RECOVERY OF CAROTENOIDS FROM PALM OIL", EM *JOURNAL OF THE AMERICAN OIL CHEMISTS' SOCIETY*, 71 (4), CHICAGO, 1994, PP. 423-426.

Segundo o Codex Stand 210, o conteúdo total de carotenoides (como β-caroteno) para óleo de palma, oleína de palma e estearina de palma deve ficar em torno de 500 mg/kg a 2.000 mg/kg, 550 mg/kg a 2.500 mg/kg, e 300 mg/kg a 1.500 mg/kg, respectivamente.[1]

Vitamina E
A vitamina E é o termo usado para descrever a atividade biológica dos tocoferóis, tocotrienóis e derivados. Estes se apresentam sob quatro formas: tocoferóis (α, β, γ e δ) e tocotrienóis (α, β, γ e δ). Os tocotrienóis diferem dos tocoferóis por apresentarem uma cadeia lateral insaturada. Os tocotrienóis são raros em óleos vegetais, à exceção do óleo de palma e do farelo de arroz.

O óleo de palma e suas frações contêm cerca de 500 ppm a 1.000 ppm de vitamina E na forma de tocoferóis (18% a 22%), e especialmente o γ-tocotrienóis (78% a 82%). Os mais importantes tocoferóis presentes no óleo de palma são α-tocoferol (20%), δ-tocotrienol (12%) e α-tocotrienol (22%), quantidades traços de β-tocotrienol (1,2%). Como visualizado na Tabela 3, o processo de refino pode ocasionar a perda parcial da vitamina E.

Historicamente, a atividade de vitamina E (IU, unidade internacional) tem sido definida como 1 mg de RRR α-tocoferol (α-TE),

---

1 Codex, "Codex Standard for Named Vegetable Oils", disponível em http://www.codexalimentarium.net.

TABELA 3 Conteúdo de tocoferóis e tocotrienóis em óleos de palma e suas frações

TIPOS DE ÓLEO		α-TOCOFEROL (PPM)	α-TOCOTRIENOL (PPM)	γ-TOCOTRIENOL (PPM)	δ-TOCOTRIENOL (PPM)	TOTAL (PPM)
Óleo de palma bruto	Média	162	165	324	81	774
	N (9)	136-241	90-205	273-439	67-94	635-890
Óleo de palma refinado	Média	117	117	158	31	426
	N (3)	85-180	99-147	67-239	5-62	256-630
Oleína da palma	Média	141	152	218	49	561
	n (8)	107-163	131-177	113-293	28-68	478-67

FONTE: K. G. BERGER, "THE USE OF PALM OIL IN FRYING. FRYING OIL SERIES", EM MALAYSIAN PALM OIL PROMOTION COUNCIL, 2005, DISPONÍVEL EM HTTP://WWW.MPOC.ORG.

que equivale a 1,49 UI. Com base nessa conversão, os diferentes tocoferóis e tocotrienóis do óleo de palma apresentam a seguinte α-TE: α-tocoferol 1 α-TE, α-tocotrienol 0,3 e β-tocotrienol 0,05. Os fatores de conversão para os tocotrienóis gama e delta são desconhecidos.

Outros compostos

Outro grupo de pigmentos importantes no óleo de palma são as clorofilas. No óleo bruto, os elevados níveis de carotenoides mascaram a presença da clorofila, que não desaparece por completo do fruto maduro. Tanto os frutos verdes como os maduros contêm clorofila *a* e *b* em quantidades variáveis, ocorrendo uma redução da clorofila *a* no fruto maduro (80% a 90%). Outros estudos apontam para uma quantidade de 583 ◄g/kg de clorofila total, consistindo de clorofila *a* (30 ◄g/kg), clorofila *b* (114 ◄g/kg), feofitina *a* (341 ◄g/kg) e feofitina *b* (98 ◄g/kg). O esqualeno é um hidrocarboneto polinsaturado ($C_{30}H_{50}$) que ocorre naturalmente em tecidos humanos, em pequenas quantidades. Nos alimentos, é encontrado no óleo de fígado de tubarão, nos azeites (0,1% a 0,7%), óleo de gérmen de trigo, farelo de arroz integral e óleo de levedura. A ubiquinona é também chamada Coenzima Q_{10}. Trata-se de compostos solúveis em gordura, sintetizados pelo corpo e ingeridos através da alimentação, apresentando no óleo de palma cru teores entre 10 ppm e 80 ppm, sendo seus níveis bem menores na oleína da palma (10 ppm a 20 ppm).

Diversos esteróis são encontrados no óleo de palma, sendo os principais β-sitoesterol (281,0 mg/ℓ), campesterol (110,97 mg/ℓ) e estigmasterol (55,97 mg/ℓ). Os fosfolipídios estão presentes em pequenas quantidades (5 ppm a 130 ppm), se comparado a outros óleos vegetais. A presença de compostos fenólicos (<100 mg/ℓ é responsável pelo início do escurecimento durante a fritura do óleo. Possíveis impurezas do óleo são taninos, álcoois alifáticos, hidrocarbonetos, cetonas, ésteres e metil ésteres.

PROCESSOS DE OBTENÇÃO DO ÓLEO
DE PALMA E SUAS FRAÇÕES   A primeira etapa do processamento consiste na produção do óleo bruto, extraído do mesocarpo do fruto. A segunda etapa é o refino físico ou químico, obtendo-se as respectivas frações (Figura 1).

OBTENÇÃO DO ÓLEO BRUTO

Os métodos tradicionais de extração do óleo consistem de fermentação da fruta, separação da polpa e das sementes, esterilização, redução de tamanho, além da trituração, extração por prensas e clarificação do óleo. Para a fermentação, os cachos dos frutos são armazenados por três a quatro dias; em seguida, são separadas a polpa e as sementes, e os cachos são esterilizados em tambores de 20 litros durante 1 hora. Após resfriamento, os frutos são esmagados com pedaços de pau. Para a clarificação, a parte superior, espumante (mistura de água e azeite), é decantada e cozida. O rendimento desse tipo de óleo é de 40% a 65%.

O processo de extração industrial do óleo bruto é realizado em indústrias próximas à plantação, pois os frutos se deterioram com rapidez. No momento da colheita, o conteúdo de ácidos graxos livres do fruto é de 1%, elevando-se rapidamente, sendo necessário, portanto, uma coordenação precisa entre a colheita e o processamento. Na extração mecanizada, a esterilização é realizada em autoclaves aquecidas com vapor de 2,5 bar a 3 bar, a uma temperatura de 135 °C, entre 50 e 75 minutos. A esterilização desintegra os cachos e afrouxa os frutos para facilitar a separação das sementes, e inativa as enzimas e os microorganismos, evitando assim elevação da acidez do óleo. Em seguida, os frutos passam por um tambor rotatório, depois são agitados e esmagados, separando-se dos cachos e sementes. A seguir, a pasta oleosa e homogênea é mecanicamente prensada. O óleo bruto obtido na prensagem é transferido para o desaerador, onde são retiradas as partículas pesadas, e depois clarificado e purificado para a remoção de umidade, sujeira e outras impurezas. O óleo bruto é transferido para o tanque de decantação, através de bomba centrífuga. Nessa etapa ocorre a separação do óleo e da borra, sendo o óleo transferido para o tanque de armazenagem. As cascas serão transformadas em combustível ou servirão de matéria-prima para a fabricação de carvão ativado, e as sementes serão utilizadas para obtenção do óleo de palmiste.

Obtenção dos óleos refinados

Para a refinação do óleo bruto se utilizam refinação física ou química. Ambos os processos são capazes de obter óleo de palma refinado, branqueado e desodorizado (RBD) (Figura 1). A refinação física converteu-se na forma de processamento mais importante devido à relação custo-benefício, a sua eficiência e ao fácil tratamento dos afluentes. De início o óleo é tratado com ácido fosfórico (80% a 85% de concentração), sendo aquecido de 90 °C a 110 °C, durante 15 a 30 minutos. Posteriormente, adiciona-se terra de branqueamento em uma concentração de 0,8% a 2%, dependendo da qualidade do óleo bruto.

O branqueamento é realizado sob vácuo de 20 mmHg a 25 mmHg, temperatura de 95 °C a 110 °C, com um tempo de retenção de 30 a 45 minutos. Em seguida, é filtrada a mistura de óleo e terra de branqueamento. Após a filtragem, o óleo pré-tratado é desaerado e aquecido entre 240 °C e 270 °C em um intercambiador de calor externo, antes de seguir para o desodorizador, o qual funciona sob vácuo de 2 mmHg a 5 mmHg. Para evitar contaminação do óleo refinado, as indústrias utilizam vapor superaquecido a elevada pressão. Sob tais condições, os ácidos graxos presentes no óleo são destilados com os componentes odoríferos mais voláteis e os produtos de oxidação, como aldeídos e cetonas, que de outro modo dariam sabor e aroma desagradáveis ao óleo. Ao mesmo tempo, os carotenoides se decompõem dando ao óleo um aspecto claro e suave.

A refinação química compreende três etapas: acondicionamento das gomas e neutralização, branqueamento e filtração e desodorização (Figura 1). De início, o óleo é aquecido a uma temperatura de 80 °C a 90 °C, acrescido de ácido fosfórico, o qual converte os fosfolipídios não hidratáveis em hidratáveis. O óleo assim desgomado é tratado com uma solução de hidróxido de sódio de aproximadamente 4 N, com um excesso de 20% (com base no conteúdo de ácidos graxos livres do óleo bruto). A reação descrita produz sabões de sódio, que

FIGURA 1 Multiestágio do processo de fracionamento a seco do óleo de palma (PMF: fração média da palma; IV: índice de iodo)

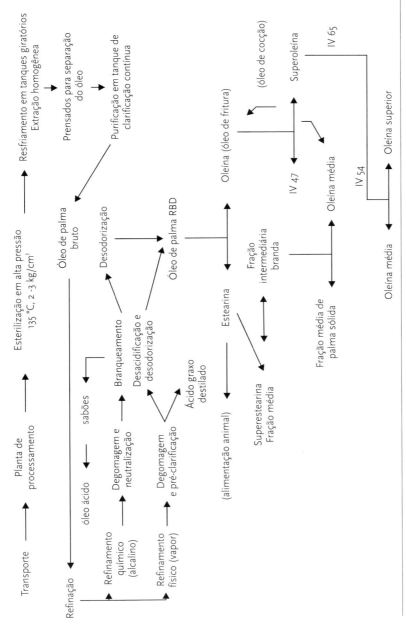

FONTE: ADAPTADO DE M. KELLENS ET AL., "PALM OIL FRACTIONATION", EM *EUROPEAN JOURNAL OF SCIENCE AND TECHNOLOGY*, VOL. 109, MUNIQUE, 2007, PP. 336-349.; MALAYSIAN PALM OIL COUNCIL, "FACT SHEETS. MALAYSIAN PALM OIL", EM *MALAYSIAN PALM OIL COUNCIL AND MALAYSIAN PALM OIL BOARD*, DISPONÍVEL EM HTTP://WWW.MPOC.ORG.MY/ENVO_PUB_190607_01.ASP.

são separados através de centrifugação. O óleo neutralizado (NPO) é lavado com 10% a 20% de água aquecida para extração dos traços de sabão presentes. A seguir, seca-se o óleo lavado a um nível de umidade abaixo de 0,05%. O óleo neutralizado é tratado com terras de branqueamento da mesma forma que na refinação física – neste caso, as terras também extraem os restos de sabão presentes. O óleo neutralizado e desodorizado é transferido ao desodorizador de forma similar ao processo de refinação física. O óleo é submetido ao processo de destilação, a uma temperatura de 240 °C a 260 °C, sob vácuo de 2 mmHg a 5 mmHg. O produto final é conhecido como NDB, óleo de palma neutralizado, branqueado e desodorizado (Figura 1).

Obtenção das frações do óleo de palma

Devido a sua peculiar característica em relação à presença de distintos ácidos graxos saturados (palmítico C_{16}, 44%; e esteárico C_{18}, 4,5%) e insaturados (oleico $C_{18=1}$, 41%; e linoleico $C_{18=2}$, 9,5%), o óleo de palma pode ser fracionado em dois componentes principais. A cristalização do óleo sob resfriamento controlado seguido por separação produzirá: oleína, fase líquida, ponto de fusão 18 °C a 20 °C; e a estearina (30% a 35%), sólida, ponto de fusão 48 °C a 50 °C.

Existem três métodos comerciais para o fracionamento do óleo: a seco, com detergente e por solventes. O primeiro é o preferido e utiliza óleo RBD, não sendo necessária a utilização de substâncias químicas ou aditivos. O óleo é mantido homogeneizado a cerca de 70 °C para evitar qualquer presença de cristais e para induzir a cristalização controlada durante o resfriamento. A formação e o crescimento dos cristais são obtidos quando o óleo é agitado e resfriado em água fria. Nos tanques de resfriamento, a temperatura é controlada e ajustada de acordo com o resultado do fracionamento que se deseja obter. Dos tanques de resfriamento o óleo é transferido, através de uma bomba, para o filtro, onde os cristais de estearina são retidos, liberando a oleína filtrada.

O fracionamento por detergente é conhecido também por *lanza* ou *liprofrac*. Tal processo inicia-se com o resfriamento do óleo em um cristalizador; quando a temperatura desejada é alcançada (cerca de 20 °C), a massa cristalizada é misturada com uma solução de lauril sulfato de sódio e sulfato de magnésio como eletrólito. Os cristais de estearina são umedecidos com a solução detergente separando-se em uma suspensão na fase líquida. Na centrifugação é descarregada a fase oleína como a leve e estearina como a pesada. A oleína é lavada com água aquecida para eliminar o excesso de detergente e submetida a secagem a vácuo. A estearina é aquecida entre 90 °C a 100 °C para romper a emulsão e permitir recuperar a estearina, que também é lavada e seca a vácuo.

O fracionamento por solvente é o mais custoso e inclui o uso de hexano ou acetona para dissolver o óleo, seguido por resfriamento em salmoura a baixas temperaturas. Assim, as misturas contêm óleo parcialmente cristalizado e solvente que são filtrados sob sucção a vácuo. A mistura de oleína e estearina é destilada por separação para extração do solvente e recuperação das frações.

O fracionamento duplo é realizado para obtenção de oleína de palma com alto índice de iodo (acima de 60), ou para obtenção das frações intermediárias da palma que contém elevada quantidade de dipalmitina utilizada na produção de substitutos da manteiga do cacau. Em geral, a oleína obtida é reciclada para seu posterior resfriamento, cristalização e filtração.

Aplicações alimentícias do óleo de palma e suas frações
O óleo de palma apresenta algumas características que permitem o seu uso em uma diversidade de produtos (Tabela 4):

a) composição equivalente de ácidos graxos saturados/monoinsaturados que produz uma consistência semissólida, a temperatura ambiente, sem necessidade de hidrogenação, e que suporta elevadas temperaturas;

b) triglicérides de alto ponto de fusão com baixo conteúdo de sólidos a 10 °C, que auxiliam a formular produtos com propriedades plásticas capazes de resistir a elevadas temperaturas e aplicações industriais;

c) baixa propriedade de cristalização, capaz de produzir estruturas duras e uma tendência à recristalização;

d) preço competitivo;

e) elevada disponibilidade no mercado.

TABELA 4 Aplicações do óleo de palma e suas frações na elaboração de produtos alimentícios

PRODUTOS	ÓLEO DE PALMA	OLEÍNA	ESTEARINA	SUPEROLEÍNA	ESTEARINA FRAÇÃO MÉDIA	FRAÇÃO MÉDIA DO ÓLEO DE PALMA
Gorduras vegetais	+++	+++	++	-	+++	+
Margarinas	++	+++	+	-	+++	+
Frituras	+++	+++	-	+++	++	+
Cocções	-	++	-	+++	-	-
Saladas	-	+	-	+++	-	-
Gorduras especiais para coberturas	-	-	-	-	+	++
Substitutos da manteiga de cacau	-	-	-	-	+	+++
Sorvetes	+++	-	-	-	-	-
Glaceados	++	-	-	-	+	++
Biscoitos	+++	+	+	-	++	-
Bolos	+++	-	+	-	++	-
Salgadinhos	+++	-	+	-	++	-
Bolachas	+++	+		-	++	-
Macarrões	+++	+++	-		++	-
Fontes de ácidos graxos	+	-	+++	-	-	-
Coberturas sólidas	-	-	++	-	-	-

+++, ALTAMENTE ADEQUADO; ++, ADEQUADO; +, APLICAÇÃO LIMITADA; -, INADEQUADO.

FONTE: M. KELLENS *ET AL*, "PALM OIL FRANCTIONATION", EM *EUROPEAN JOURNAL OF SCIENCE AND TECHNOLOGY*, VOL. 109, MUNIQUE, 2007, PP. 336-349.

PRODUTOS LIVRES DE GORDURA TRANS Devido às implicações para a saúde, a indústria de óleos e gorduras vem buscando alternativas para substituir as chamadas gorduras hidrogenadas ricas em ácidos graxos *trans*. Um dos métodos substitutos que vem sendo empregado é a interesterificação das gorduras. Nesta reação, os ácidos graxos permanecem inalterados, ocorrendo a redistribuição destes nas moléculas dos triglicérides, resultando na modificação da composição triacilglicerídica, cuja característica final é totalmente determinada pela composição total em ácidos graxos das matérias-primas iniciais. Por exemplo, os principais triglicérides presentes no cacau são POE, EOE e POP. As combinações de POP presentes no dendê, com alguma gordura que contenha ácido esteárico, pode resultar nas configurações acima citadas. Os produtos de palma interesterificados a partir da oleína e/ou estearina apresentam uma consistência mais macia e mínimas modificações durante a estocagem.

A margarina é um tipo de emulsão que consiste de uma mistura de gordura e água e que existe em diversos tipos: margarinas de mesa em potes, industrial, ou margarina para panificação e margarinas para produtos de confeitaria. As propriedades físicas das margarinas são determinadas em grande parte pelo seu componente gorduroso. As margarinas de mesa são brandas e untáveis quando em refrigeração, as demais são mais firmes, principalmente as utilizadas na confecção de produtos de confeitaria. O óleo de palma fornece consistência, textura e estrutura a gorduras e margarinas sem necessidade de hidrogenação, portanto, livres de gorduras *trans*. A oleína de palma é adequada como componente líquido em mistura de margarinas, enquanto a estearina é utilizada como ingrediente sólido.

O óleo de palma a 20 °C contém 22% a 25 % de sólidos, sendo um ingrediente ideal para substituir as gorduras hidrogenadas utilizadas em bolos, tortas e panificação. O componente líquido melhora as propriedades lubrificantes e o sólido retém as bolhas de ar, o que contribui para o volume do pão.

A oleína com baixo ponto de fusão também é adequada à elaboração de fórmulas lácteas infantis quando misturada a outros óleos, visto que 10% a 15% do ácido palmítico está na posição *sn*-2, o que contribui para a maior digestibilidade do produto. Além destes existem outros alimentos que contêm produtos de óleos de palma e palmiste: sopas, tortas e sobremesas, cereais matinais, caldos e bebidas. As novas potencialidades da utilização do óleo de palma na indústria alimentar incluem o seu emprego em carnes assadas. A elevada estabilidade do óleo de palma vermelha e seu sabor suave faz com que se obtenha uma carne macia e saborosa.

FABRICAÇÃO DE MANTEIGA VEGETAL Ao contrário das margarinas que apresentam 80% de gordura e 20% de água, a manteiga vegetal é composta apenas de gordura. Uma função importante da manteiga é a incorporação e retenção de ar, o que permite a formação de uma estrutura porosa e incrementa o volume em cremes, bolos e tortas.

Vanaspati é uma manteiga vegetal clarificada com uma textura granulada e ponto de fusão entre 33 °C e 42 °C. É uma grande *commodity* em países onde existem populações de origem indiana e em outras áreas do Sudeste Asiático e do Pacífico. Vanaspati é também utilizada no Egito, Iraque, Irã e Afeganistão, tendo sido desenvolvida como equivalente da manteiga de gordura vegetal, quando esta se tornou escassa na Índia. Quantidades de óleo de palma em produtos Vanaspati variam de 8% a 15% na Índia, 45% a 60% no Paquistão, 20% a 80% nas Ilhas Fiji, a cerca de 80% a 100% no Iraque.

EMPREGO DO ÓLEO DE PALMA EM FRITURA POR IMERSÃO Uma das desvantagens do processo de fritura é que os óleos e gorduras, quando aquecidos repetidas vezes, sob elevadas temperaturas, e por períodos prolongados, podem sofrer uma série de alterações, formando compostos de degradação. Esses compostos podem ser influenciados por fatores como: qualidade e estabilidade do óleo empregado, presença de antioxidantes, ar e água, tempo de aquecimento e temperatura de exposição do alimento à fritura, bem como o tipo de equipamento utilizado.

As propriedades físicas e químicas dos óleos empregados para fritura estão relacionadas com o comprimento da cadeia carbônica e seu grau de insaturação. Os ácidos graxos polinsaturados com duplas ligações conjugadas são oxidados mais rapidamente que os com duplas ligações não conjugadas. A velocidade de oxidação é duas vezes mais alta em triglicerídeos que possuem ácido linolênico em vez de linoleico. Os óleos ricos em ácido linolênico, como girassol, canola e soja, são bastante susceptíveis à oxidação e polimerização, o que pode ocasionar a formação de produtos tóxicos não sendo, portanto, recomendados para fritar. Óleos com predominância de ácidos graxos monoinsaturados (oleico) são altamente recomendados para fritura, dado que apresentam elevado ponto de fumaça e baixos teores de ácidos graxos polinsaturados.

O óleo de palma é a gordura de fritura mais utilizada em nível industrial. Comparando-se o óleo de palma com diversos óleos vegetais, observa-se que o óleo de palma se deteriora mais lentamente no processo de fritura por imersão devido à presença de ácido oleico, bem como de antioxidantes naturais, como os tocoferóis e tocotrienóis, e ausência de ácido linolênico. A presença de significativas quantidades de carotenoides, vitamina E, baixas quantidades de ácido linoleico (2% a 11 %) e linolênico (0,1% a 0,2%), além da ausência de ácido láurico formador de espuma, faz do óleo de palma um dos mais estáveis à oxidação. Além da estabilidade oxidativa, o emprego do óleo de palma/oleína da palma eleva a vida útil dos produtos fritos, e requer menos esforço para limpeza das fritadeiras, dado que se formam menos compostos aderidos às paredes do equipamento.

A fração comercial mais popular do óleo de palma utilizada na fritura por imersão é a oleína com ponto de fusão de 22 °C a 24 °C, resultando em produtos fritos de excelente qualidade, sendo a fração preferida na indústria de batatas chips, salgadinhos e massas instantâneas. Também são utilizados os *blends* (misturas de óleos), o que contribui para a diminuição dos teores dos ácidos linoleico e linolênico, elevando assim a estabilidade destes sem a necessidade de hidrogenação dos óleos, com menor custo e sem a presença de gordura *trans*.

Diversos métodos vêm sendo utilizados para medir a qualidade dos óleos de fritura, sendo os mais destacados acidez, índice de peróxidos, índice de refração, compostos polares, entre outros. Os compostos polares se referem a um conjunto de substâncias produzidas durante o aquecimento do óleo, sendo o indicador mais confiável para estimar a qualidade deste, tanto é assim que a legislação de diversos países estipula como óleo adequado para uso aqueles com CP <25%. No Brasil, inexiste uma legislação específica para óleos e/ou gorduras de fritura, apenas o Informe Técnico n° 11, de 5 de outubro de 2004, da Agência Nacional de Vigilância Sanitária (Anvisa), que determina que: a quantidade de ácidos graxos livres não deve ser superior a 0,9%; o teor de compostos polares não deve ser maior que 25%; e os valores de ácido linolênico presente nas frituras não deve ultrapassar o limite de 2%.

Diversos estudos realizados com óleo de palma e/ou oleína da palma submetido à fritura têm demonstrado uma elevação da acidez e perdas acentuadas de carotenoides e vitamina E. Além disso, verifica-se que a fritura leva ao escurecimento do óleo, postulando-se que tal reação resulta da interação com ácidos graxos, dímeros, polímeros e outros compostos minoritários presentes no óleo, como compostos fenólicos (<100 mg/dL, óleo bruto) com formação de peróxidos.

ASPECTOS NUTRICIONAIS DO DENDÊ

DENDÊ *versus* METABOLISMO LIPÍDICO

Os riscos para a saúde devido à excessiva ingestão de gorduras na dieta, especialmente ácidos graxos saturados oriundos de alimentos de origem animal, como gordura do leite (manteiga, nata), banha e sebo, têm sido destacados nos meios científicos e na imprensa. Por conseguinte, a imagem do óleo de palma tem sofrido bastante nos últimos anos com a alegação de que apresenta uma elevada concentração de gordura saturada (SFA, 50%), em especial de ácido palmítico, além de baixos níveis de ácidos graxos polinsaturados (Pufa, 10%), com uma relação de polinsaturado/saturado de 0,2.

No entanto, o debate sobre o que constitui o "ideal" de gordura é polêmico, uma vez que se utiliza o termo gordura saturada sem distinguir os ácidos graxos saturados individuais. Nesse sentido, uma análise superficial de algumas das chamadas gorduras saturadas (por exemplo, óleo de palma, banha, sebo, manteiga, óleo de coco) revela que elas têm perfis distintos e exercem empiricamente diferentes efeitos metabólicos.

Os famosos estudos de Keys e Hegstede demonstraram através de equações matemáticas que a concentração sérica de colesterol de um indivíduo poderia ser predita a partir do consumo de gordura de sua dieta. Além disso, os ácidos graxos saturados eram duas vezes mais efetivos em elevar o colesterol, enquanto os PUFA eram eficazes em baixá-lo. Nesse contexto, os ácidos graxos saturados não poderiam corresponder a mais de 1/3 da ingestão total de gordura na dieta. Existem grandes ressalvas a essas equações, dado que foram desenvolvidas a partir de estudos realizados com homens de meia-idade que consumiam alimentos com alto teor de gordura, não sendo, portanto, uma dieta necessariamente válida para outros segmentos da população ou para outras condições dietéticas.

Estudos em modelos animais e em humanos, em vários países, com diferentes tipos de dieta, estabeleceram que o óleo de palma não se comporta como uma gordura saturada em relação aos seus efeitos sobre os níveis de colesterol ou agregação plaquetária. Em muitas pesquisas, o óleo de palma foi comparado com outros óleos, como óleo de coco, ou gorduras animais, como manteiga, banha e sebo, e ficou demonstrado que o dendê não apenas reduziu os níveis de colesterol como apresentou efeito antiagregante. Entre os fatores que contribuem para o excepcional caráter do óleo de palma em não elevar o colesterol e em não promover a agregação plaquetária destacam-se:

a) o óleo de palma contém quantidades insignificantes de ácidos graxos láurico ($C_{12:0}$) e mirístico ($C_{14:0}$), considerados hipercolesterilêmicos;

b) o óleo de palma é rico em ácidos oleico e palmítico, considerados ácidos neutros em relação à elevação dos níveis de colesterol;

c) na molécula de triglicérides, o ácido palmítico ocupa predominantemente a posição α, e os ácidos graxos insaturados a posição β (75%). Os ácidos graxos saturados são mais hipercolesterilêmicos quando estão na posição β dos triglicerídeos, como as gorduras do coco, sebo e manteiga;

d) em alguns estudos demonstrou-se que animais alimentados com óleo de palma apresentam um balanço de eicosanoides e uma relação tromboxano/prostaciclina que favorece a antiagregação;

e) os tocotrienóis presentes no óleo de palma são considerados hipocolesterilêmicos, uma vez que regulam a síntese do colesterol através da inativação da metil glutaril Coenzima A redutase (HMG-CoA), enzima que sintetiza primariamente o colesterol.

Outrossim, propõe-se que os efeitos dos ácidos graxos saturados no controle do colesterol estão na dependência, em parte, da simultânea ingestão do ácido linoleico – C_{18}. Assim, a relação existente entre SFA e ácido linoleico é a chave para o metabolismo das lipoproteínas, incluindo LDL/HDl e HDL/LDL. O ácido linoleico é um potente regulador de numerosos genes lipogênicos envolvidos na síntese de ácidos graxos. Como consequência, o C_{18} serve como um canal entre a oxidação e a estocagem de ácidos graxos. O Pufa inibe a transcrição gênica hepática dos ácidos graxos quando ultrapassam 20% das calorias da dieta, e em quantidades inferiores a 5%, tais ácidos inibem apenas 50% da dita transcrição.

Em resumo, quando a quantidade de ácido linoleico está acima do limiar (mais ou menos entre 5% e 7% das calorias da dieta), não são observados efeitos adversos das gorduras saturadas sobre as LDL, em parte porque os receptores dessas moléculas são suprarregulados e a SREBP1c é inibida, resultando na diminuição da síntese de ácidos graxos e da secreção de VLDL. Dessa forma, o ácido palmítico apresenta um efeito neutro; porém, se os níveis de C_{18} ficarem abaixo do limiar acima recomendado, o LDL poderá elevar-se, ocasionando um aumento muito mais severo na presença dos ácidos láurico e mirístico (Figura 2).

Outros estudos apontam que sob determinadas condições, em que a produção ou clearance de LDL estão comprometidas, como em pacientes hipercolesterelêmicos, obesos e hiperinsulinêmicos, o ácido palmítico pode apresentar efeito negativo sobre os níveis de colesterol. Também altos níveis de óleo de palma (cerca de 30% da dieta) podem ser um fator de risco para as doenças cardiovasculares, reduzindo de maneira significativa as concentrações de HDL e elevando as de LDL.

A taxa de absorção dos ácidos graxos livres depende da natureza do ácido graxo e do meio emulsificante do intestino. Os ácidos graxos dietéticos na posição *sn-2* são preferencialmente absorvidos através da parede intestinal; portanto, são mais biodisponíveis. No entanto, se comparados àqueles localizados nas posições *sn-1* e *sn-3*, os quais são pouco absorvidos, os ácidos graxos saturados são excretados nas fezes como sais de cálcio ou magnésio. A composição do óleo de palma revela que a maioria dos triglicerídeos está esterificada na posição *sn-2*, com ácidos graxos insaturados (>58,25% de ácido oleico e >18,41% de ácido linoleico) e elevada proporção de ácido palmítico nas posições *sn-1* e *sn-3*. Diante disso existem duas consequências dietéticas: primeira, os ácidos graxos absorvidos são principalmente mono e diinsaturados, 87% e 96% para o óleo de palma e oleína, respectivamente; segunda, a relativa alta quantidade de ácidos graxos saturados no óleo de palma é menos absorvida; portanto, contribui para uma menor ingestão calórica e de triglicérides plasmático.

FIGURA 2 A inter-relação entre os ácidos graxos saturados e o ácido linoleico sobre os níveis de colesterol

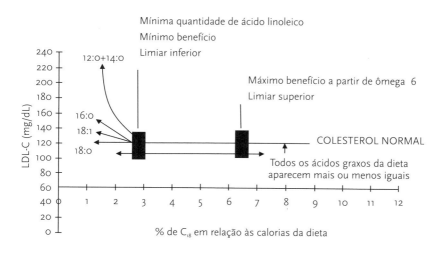

FONTE: K. C. HAYS & P. KHOSLA, "THE COMPLETE INTERPLAY OF PALM OIL FATTY ON BLOOD LIPIDS", EM EUROPEAN JOURNAL OS SCIENCE AND TECHNOLOGY, VOL. 109, MUNIQUE, 2007, PP. 453-464.

Ação dos carotenoides do óleo de palma

O óleo de palma apresenta entre 15 e 300 vezes mais retinol equivalente que as cenouras e o tomate, respectivamente (Tabela 5), sendo por isso uma fonte barata e disponível dessa vitamina na dieta, em especial em países em desenvolvimento. Alguns processos podem influenciar a oxidação desses compostos. Estudos sobre armazenamento de óleos brutos e refinados brasileiros, acondicionados a temperatura ambiente durante 90 dias, demonstraram uma diminuição de 8,5% a 17,9% no teor de vitamina A, enquanto o armazenamento em geladeira durante 60 dias levou a uma perda de 16,6% no óleo bruto.

A vitamina A é a mais estudada das vitaminas. Suas funções incluem auxílio na visão, participação na síntese de proteínas e na diferenciação celular, auxílio na reprodução humana e no crescimento. A deficiência de vitamina A é considerada uma das mais importantes deficiências nutricionais do mundo em desenvolvimento, sendo um dos sinais detectáveis a cegueira noturna. No Brasil, a população infantil do Nordeste é a mais vulnerável ao problema, uma vez que de 16% a 55% das crianças apresentaram dosagem dessa vitamina abaixo de 20 mcg/dℓ, caracterizando situações carenciais endêmicas. Existem também indicações da ocorrência da hipovitaminose A em bolsões de pobreza de Minas Gerais e São Paulo, bem como em áreas da região Norte do país.

TABELA 5 Atividade vitamínica do óleo de palma comparado com outras fontes

FONTE	RE/100 g	ATIVIDADE RELATIVA
Óleo de palma cru	30.000	1
Cenoura	2.000	15
Vegetais verdes	685	44
Damasco	250	120
Tomate	100	300

CONT.

FONTE	RE/100 g	ATIVIDADE RELATIVA
Banana	30	1.000
Laranja ou suco de laranja	8	3.750

FONTE: N. S. SCRIMSHAW, "NUTRITIONAL POTENTIAL OF RED PALM OIL FOR COMBATING VITAMIN A DEFI-
CIENCY", EM *FOOD NUTRITION BULLETIN*, 21 (2), BOSTON, 2000, PP. 195-201.

O β-caroteno do óleo de palma vermelho tem sido utilizado em estudos de intervenção para avaliar seu possível papel na prevenção da deficiência de vitamina A em populações de risco. No caso do Brasil, seguindo-se a orientação da RDC 269 da Anvisa, que recomenda para um adulto a ingestão diária de 600 RE de vitamina A e de 375, 400, 450 e/ou 500 RE para crianças, dependendo da faixa etária, e considerando-se os níveis de β-caroteno encontrados em óleos brutos brasileiros, seriam necessários cerca de 10 ml (cerca de 1 colher de sopa) para atender a tais recomendações.

Diversos estudos têm demonstrado o sucesso da utilização do óleo de palma vermelho para melhorar o estado nutricional de mulheres grávidas e lactantes. Lactantes suplementadas durante dez dias com 90 mg de β-caroteno do óleo de palma apresentaram uma melhoria significativa nos níveis de carotenoides séricos e no leite materno, quando comparadas àquelas suplementadas com carotenoides sintéticos. De modo similar, a ingestão durante dois meses de 8 ml de óleo de palma vermelho (por volta de 2,2 mg de β-caroteno) resultou na elevação de retinol em mulheres grávidas e lactantes, quando comparado com o óleo de amendoim. Finalmente, gestantes no terceiro trimestre de gravidez que utilizaram óleo de palma como óleo de cozinha apresentaram maiores níveis de retinol plasmático e no leite materno, em relação às mulheres que utilizaram óleo de girassol.

Pesquisa realizada na África do Sul demonstrou que escolares que consumiram biscoitos fortificados com 400 ppm de carotenoides de gordura do óleo de palma vermelho melhoram de maneira significativa seus níveis de retinol quando comparados com crianças que receberam biscoitos sem fortificação. Vale destacar que nesses biscoitos não foram utilizadas gorduras hidrogenadas nem adicionados antioxidantes à sua formulação; os custos foram extremamente baixos e simplificou-se o controle de qualidade. O produto apresentou um período de vida útil de mais ou menos seis meses, portanto ideal para a suplementação da vitamina em áreas remotas.

A Índia é um dos países pioneiros na suplementação de alimentos com óleo de palma com vistas ao combate à deficiência de vitamina A. Através do programa governamental de Serviço de Desenvolvimento Integrado da Criança, cerca de 20,6 milhões de crianças e 3,8 milhões de mães de baixa renda nas zonas rural, urbana, e em áreas tribais recebem alimentos fortificados com óleo de palma.

Outros carotenoides presentes no óleo de palma (licopeno, fitoeno e zeocarotenos), assim como a vitamina E, apresentam propriedades anticancerígenas, protegem a pele contra as radiações solares e o estresse oxidativo devido a sua capacidade de "varredores" de radicais livres, apontado como responsáveis pelo envelhecimento, dano oxidativo e arteriosclerose.

Ação da vitamina e do óleo de palma

O óleo de palma apresenta atividade de vitamina E entre 210 IU/g e 460 IU/g, superando em muito a recomendação da RDC 269 da Anvisa, que estabelece para adultos 10 mg α-TE/dia, ou seja, 14,9 UI/dia. Vale ressaltar que no Brasil o maior consumo de dendê se dá principalmente na Bahia e como óleo bruto, que contém maiores teores de carotenoides e de vitamina E, se comparado aos óleos refinados.

A patogenia de diversas enfermidades envolve a peroxidação lipídica de membranas biológicas, sendo a vitamina E o principal antioxidante de tais membranas. Ainda que esteja presente em concentrações baixas, a vitamina E é muito eficiente em inibir os radicais livres presentes em determinadas condições, como envelhecimento celular, doenças do coração, arteriosclerose, câncer, catarata, neuropatias e miopatias.

Porém, existe um interesse crescente no estudo das propriedades nutricionais e fisiológicas dos tocotrienóis. Como já foi dito aqui, postula-se que tais moléculas possam regular a síntese do colesterol através da inibição da sua principal enzima; além disso, estudos têm demonstrado sua ação em inibir células cancerígenas. Assim, vale ressaltar que os tocoferóis e os tocotrienóis são um importante antioxidante em alimentos, atuando para promover a maior estabilidade oxidativa do óleo de palma e de seus produtos.

CONSIDERAÇÕES FINAIS O óleo de palma representa um quarto de todo óleo consumido no mundo. É considerado um óleo versátil, com uma composição de ácidos graxos, carotenoides e vitamina E que permite o seu fracionamento e emprego em uma diversidade de produtos. Além disso, é cada vez mais evidente que o óleo de palma é nutricionalmente importante na dieta humana, ainda que persista em alguns círculos a imagem de "óleo tropical saturado" que lhe foi autorgada até então. Sobre esta última questão o pesquisador Cottrell escreveu: "A decisão sobre a utilização do óleo de palma em produtos alimentícios deveria estar baseada em uma avaliação racional de sua versatilidade técnica, em lugar de incorreções sobre avaliações de suas implicações para a saúde". Portanto, é tempo de redescobrir as potencialidades do dendê e promover o seu uso.

BIBLIOGRAFIA

AINI, I. N. & MISKANDAR, M. S. "Utilization of Palm Oil and Palm Products in Shortenings and Margarines". Em *European Journal of Lipid Science and Technology*, 109 (4), Munique, 2007.

BAILEY'S INDUSTRIAL OIL AND FAT PRODUCTS. "Refinación y fraccionamiento del aceite de palma". Em *Aceite y Grasas*, 3 (72), tomo XVIII, setembro de 2009.

BERGER, K. G. "The Use of Palm Oil in Frying. Frying Oil Series". Em *Malaysian Palm Oil Promotion Council*, 2005. Disponível em http://www.mpoc.org.

BOCKISCH, M. "Procesos de extracción del aceite de palma". Em *Aceite y Grasas*, 3 (72), tomo XVIII, setembro de 2009.

BRACCO, U. *et al.* "Performance of Palm Oil Liquid Fractions". Em *Journal of the American Oil Chemists' Society*, 58 (1), Chicago, 1981.

BRASIL, Agência Nacional de Vigilância Sanitária. "Óleos e gorduras utilizados em frituras". Em *Informe Técnico*, nº 11, outubro de 2004. Disponível em http://www.anvisa.gov.br.

_____. "Regulamento técnico sobre a ingestão diária recomendada (IDR) de proteína, vitaminas e minerais". Em *Resolução RDC*, n° 269, setembro de 2005. Disponível em http://www.anvisa.gov.br.

CLEGG, A. J. "Composition and Related Nutritional and Organoleptic Aspects of Palm Oil". Em *Journal of American Oil Chemists' Society*, 50 (2), Chicago, 1973.

CODEX. "Codex Standard for Named Vegetable Oils". Em *Codex-Stan 210*. Revisão em 2003 e 2005. Disponível em http://www.codexalimentarium.net.

COORDENAÇÃO GERAL DA POLÍTICA DE ALIMENTAÇÃO E NUTRIÇÃO. *Programa Nacional de Suplementação de Vitamina A*. Disponível em http://www.nutricao. saude.gov.br/vita.php.

COTTRELL, R. C. "Introduction: Nutritional Aspects of Palm Oil". Em *American Journal of Clinical Nutrition*, 53 (supl.), Bethesda, 1991.

EBONG, P. E. *et al.* "Influence of Palm Oil (*Elaesis guineensis*) on Health". Em *Plant Food for Human Nutrition*, 53 (3), Dordrecht, 1999.

EDEM, D. O. "Palm oil: Biochemical, Physiological, Nutritional, Hematological, and Toxicological Aspects: a Review". Em *Plant Foods for Human Nutrition*, 57 (5), Dordrecht, 2002.

FRITSCH, C. W. "Measurements of Frying Fat Deterioration: a Brief Review". Em *Journal of the American Oil Chemists' Society*, 58 (3), Chicago, 1981.

GEE, P. T. "Analytical Characteristics of Crude and Refined Palm Oil and Fractions". Em *European Journal of Lipid Science and Technology*, 109 (4), Munique, 2007.

GIBON, V. *et al.* "Palm Oil Refining". Em *European Journal of Lipid Science and Technology*, 109 (4), Munique, 2007.

GOH, S. H. *et al.* "Minor Constituents of Palm Oil". Em *Journal of the American Oil Chemists' Society*, 62 (2), Chicago, 1985.

HAYES, K. C. & KHOSLA, P. "The Complex Interplay of Palm Oil Fatty Acids on Blood Lipids". Em *European Journal of Science and Technology*, 109 (2), Munique, 2007.

HEGSTED, D. M. *et al.* "Quantitative Effects of Dietary Fat on Serum Cholesterol in Man". Em *American Journal of Clinical Nutrition*, 17 (5), Filadélfia, 1965.

ISMAIL, R. "Palm Oil and Palm Oil in Frying Applications". Em *Asia Pacific Journal of Clinical Nutrition*, 14 (4), Taiwan, 2005.

KELLENS, M. *et al.* "Palm Oil Fractionation". Em *European Journal of Science and Technology*, 109 (4), Munique, 2007.

KEYS, A. *et al.* "Serum Cholesterol Response to Change in the Diet". Em *Metabolism*, n° 14, Filadélfia, 1965.

KHOSLA, P. & HAYES, K. C. "Cholesterolaemic Effects of the Saturated Fatty Acids of Palm Oil". Em *Food and Nutrition Bulletin*, 15 (2), Boston, 1994.

KRITCHEVSKY, D. "Impact of Red Palm Oil on Human Nutrition and Health". Em *Food and Nutrition Bulletin*, 21 (2), Boston, 2000.

LAI, O-M. *Palm Oil, its Fractions, and Components*. Urbana: Healthful Lipids Publisher/ AOCS Press, 2005.

MATTHÄUS, B. "Use of Palm Oil for Frying in Comparison with Other High-Stability Oils". Em *European Journal of Lipids Science and Technology*, 109 (4), Munique, 2007.

MAY, C. Y. "Palm Oil Carotenoids". Em *Food and Nutrition Bulletin*, 15 (2), Boston, 1994.

MORTENSEN, A. "Analysis of Complex Moisture of Carotenes from Oil Palm (*elaeis guineensis*) Fruit Extract". Em *Food Research International*, nº 38, Amsterdã, 2005.

MPOC, Malaysian Palm Oil Council. "Fact Sheets. Malaysian Palm Oil". Em *Malaysian Palm Oil Council and Malaysian Palm Oil Board*. Disponível em http://www.mpoc.org.my/envo_pub_190607_01.asp.

_____. *The Oil*. Disponível em http://www.mpoc.org.my/main_palmoil_02.asp.

NAGENDRAN, B. *et al*. "Characteristics of Red Palm Oil, a Carotene – and Vitamin E – Rich Refined Oil for Food Uses". Em *Food and Nutrition Bulletin*, 21 (2), Boston, 2000.

ONG, A. S. H. & GOH, S. H. "Palm Oil: a Healthful and a Cost-Effective Dietary Component". Em *Food and Nutrition Bulletin*, 23 (1), Boston, 2002.

OOI, C. K. *et al*. "Recovery of Carotenoids from Palm Oil". Em *Journal of the American Oil Chemists' Society*, 71 (4), Chicago, 1994.

RAO, B. S. N. "Potential Use of Red Palm Oil in Combating Vitamin A in India". Em *Food and Nutrition Bulletin*, 21 (2), Boston, 2000.

ROSSI, M. *et al*. "The Effect of Bleaching and Physical Refining on Color and Minor Components of Palm Oil". Em *Journal of the American Oil Chemists' Society*, 78 (10), Chicago, 2001.

RUKMINI, C. "Red Palm Oil to Combat Vitamin A Deficiency in Developing Countries". Em *Food and Nutrition Bulletin*, 15 (2), Boston, 1994.

SAMBANTHAMURTHI, R. *et al*. "Chemistry and a Biochemistry of Palm Oil". Em *Progress in Lipid Research*, 39 (6), Oxford, 2002.

SCRIMSHAW, N. S. "Nutritional Potential of Red Palm Oil for Combating Vitamin A Deficiency". Em *Food Nutrition Bulletin*, 21 (2), Boston, 2000.

SUNDRAM, K. *et al*. "Palm Fruit Chemistry and Nutrition". Em *Asia Pacific Journal of Clinical Nutrition*, 12 (3), Taiwan, 2003.

TAN, Y. A. *et al*. "Crude Palm Oil Characteristics and Chlorophyll Content". Em *Journal of the Science of Food and Agriculture*, 75 (3), Londres, 1997.

TAN, YEW-AI *et al*. "Valorization of Palm By-Products as Functional Components". Em *European Journal of Lipid Science and Technology*, 109 (4), Munique, 2007.

TRIGUEIRO, I. N. S. & Penteado, M. V. C. "Teores de alfa e beta-caroteno e atividades pró-vitamínica A de óleos de dendê brasileiros". Em *Revista Farmácia Bioquímica*, 28 (1), São Paulo, 1992.

WAI, T. N. K. "A Critical Review of the Cholesterolaemic Effects of Palm Oil". Em *Food and Nutrition Bulletin*, 15 (2), Boston, 1994.

Acarajé, dendê, modernidade e tradição no contexto soteropolitano

Ligia Amparo da Silva Santos

CONSIDERAÇÕES INICIAIS Sem dúvida, o acarajé é o principal ícone cultural-alimentar da cidade de Salvador. Estima-se que há cerca de cinco mil baianas de acarajé dispersas por vários pontos, ruas e esquinas da cidade, compondo parte do cenário estético-visual soteropolitano. O nome acarajé, derivado da língua de origem africana iorubá, significa "comer bola de fogo". Do acará vendido pelas negras filhas de Iansã nas ruas de Salvador no período colonial, com os seus tabuleiros carregados na cabeça, o acarajé instalou-se em pontos na cidade comandado pelas baianas de acarajé, os quais Vivaldo Costa Lima denominou "pequenos restaurantes verticais".[1]

Contudo, a produção, comercialização e consumo do acarajé têm sofrido significativas transformações nas últimas décadas. Observa-se que há uma superposição de cenários alimentares em torno do acarajé que entrecruza o discurso da preservação da cultura alimentar tradicional com o da promoção de práticas alimentares saudáveis. Entrecruzam-se também os discursos turístico-publicitários em torno da iguaria, que o elevam a um ícone alimentar da Bahia. Tais processos trazem em seu bojo, por exemplo, um debate religioso entre os praticantes de Candomblé e os pertencentes à Igreja Evangélica, além de questões que concernem às dimensões de gênero, etnia e camadas sociais. O novo *status* do

---

[1] M. Moura, "Etnocenologia e etnoculinária do acarajé, de Vivaldo da Costa Lima", em *Etnocenologia e suas aplicações*, Coleção Cadernos do Gipe-CIT, nº 1, Salvador, novembro de 1998.

acarajé interpõe uma tradição de produção das camadas populares por mulheres cujo saber era transmitido pela oralidade para um produto também encontrado em restaurantes de luxo de Salvador, em que *chefs* de cozinha aprendem e ensinam através de cursos formais.

Porém, não é possível falar em acarajé sem falar em dendê, como também não é possível falar em Bahia sem falar em dendê. A participação do dendê na comensalidade baiana confere um *status* central no *ethos* da baianidade, compondo uma tríade simbiótica fundamental: acarajé-dendê-baianidade.

Aqui, tem-se o objetivo de refletir sobre alguns aspectos da complexidade da produção e consumo do acarajé e do seu ingrediente central, o dendê, dentro da cultura baiana contemporânea.

O ACARAJÉ E O DENDÊ NO MUNDO CONTEMPORÂNEO Na entrada do século XXI, a produção, comercialização e consumo do acarajé sofrem intensas mudanças. Após o seu tombamento como patrimônio imaterial[2] nacional pelo Programa Nacional do Patrimônio Imaterial (PNPI), instituído pelo Decreto nº 3.551, de 4 de agosto de 2000, o Ofício da Baiana do Acarajé está inscrito no *Livro de registros e saberes, das celebrações, das formas de expressão e dos lugares*. A indicação desse registro foi feita pela Associação de Baianas de Acarajé e Mingau do Estado da Bahia (Abam), pelo Centro de Estudos Afro-Orientais da Universidade Federal da Bahia (CEAO/UFBA), e pelo Terreiro Ilê Axé Opô Afonjá.[3]

O Registro considera elementos essenciais do Ofício das Baianas "os rituais envolvidos na produção do acarajé, na arrumação do tabuleiro e na preparação do lugar onde as baianas se instalam, além dos modos de fazer as comidas de baiana, com distinções referentes à oferta religiosa ou à venda nas ruas. Estão destacados o acarajé com seus

---

2   A Unesco define como Patrimônio Cultural Imaterial "as práticas, representações, expressões, conhecimentos e técnicas e também os instrumentos, objetos, artefatos e lugares que lhes são associados e as comunidades, os grupos e, em alguns casos, os indivíduos que se reconhecem como parte integrante de seu patrimônio cultural". Disponível em http://www.iphan.org.br.

3   Ministério da Cultura, Ofício de baiana vira patrimônio, disponível em http://www.cultura.gov.br/noticias/na_midia/index.php?p=11307&more=1.

recheios habituais, o abará, o acaçá, o bolinho de estudante, as cocadas, os bolos e mingaus; o uso de tabuleiro para venda das comidas; a comercialização informal em logradouros, feiras e festas de largo; o uso de indumentária própria das baianas, como marca distintiva de sua condição social e religiosa, presente especialmente nos panos da costa, nos turbantes, nos fios de contas e outras insígnias e, por fim, o uso do tabuleiro para venda de comidas".[4]

Dessa maneira, considerado um bem cultural de natureza imaterial, a produção e o consumo do acarajé tomam novos contornos sociopolíticos e antropológicos no contexto contemporâneo.[5] O acarajé representa o elemento central de um complexo cultural bem mais amplo. Em primeiro lugar, essa iguaria está no seio de um complexo universo culinário-alimentar que se convencionou chamar comida baiana ou comidas de azeite.[6] Santos[7] levanta a suposição da existência de um comer afrobarroco dos baianos e soteropolitanos, visto como "um traço característico da nossa cultura ainda nos dias atuais que também influencia as formas de comer e de compreender a comida. As marcas do excesso, da voluptuosidade do ouro que se confunde com o dendê nos seus pratos ornamentados em cores, temperos fortes e cheiros típicos, extrapolando os limites do necessário".

Segundo, os movimentos em busca da preservação das tradições culinárias irão encontrar inúmeros elementos oriundos de um processo de modernização que passa na cidade de Salvador e, por consequência, as formas de lidar com a preservação dessas tradições. Convém lembrar que, apesar de os ímpetos de modernidade serem considerados uma

---

4   *Ibid.*

5   No plano municipal, outras ações que buscam a preservação da comercialização tradicional do acarajé têm sido implementadas, por exemplo: o Decreto Municipal n° 1.275/98 prevê a regularização da venda do acarajé, com a padronização das indumentárias e dos tabuleiros, e a tentativa da Abam de proibir a venda do acarajé em outros estabelecimentos que não nos tabuleiros (*Correio da Bahia*, 13-6-2005).

6   Há todo um cardápio de comidas populares que não atingiu o *status* simbólico das "comidas de azeite" e que não fazem parte do "cardápio turístico" com a mesma veemência das anteriores. No entanto, tais comidas resistem culturalmente nos bairros e restaurantes populares, nos mercados de grande circulação, e nas memórias de mulheres idosas que também as preparam sob encomenda em suas casas.

7   Ligia Amparo da Silva Santos, *O corpo, o comer e a comida: um estudo sobre as práticas corporais e alimentares no mundo contemporâneo* (Salvador: EDUFBA, 2008), p. 36.

ameaça às tradições, as emergências e valorizações das culturas locais no mundo contemporâneo são também produto dos processos modernos e globais. Como ressalta Gruzinski,[8] esse cenário é muito mais complexo, pois as reivindicações identitárias não são de tudo formas de rejeição da nova ordem mundial. Elas interagem com o mundo global na busca do espaço no mercado e na mídia. Pode-se assim sugerir que a preservação do acarajé como um bem cultural de natureza imaterial não está desvinculada dos processos modernizantes inerentes ao mundo contemporâneo. Na verdade, eles parecem ser essenciais para a própria preservação, pois dialogam, se interpõem, bem como entram em conflito, encontrando novas formas de saber-fazer que se conformam no espaço citadino.

Esse processo pode ser observado no tema em questão. O acarajé está no centro de um intenso debate político-cultural entre o tradicional e o moderno, imbricando relações de classe, gênero, etnia e religião que têm sido intensificadas pelas mudanças promovidas no seu *status* social.

Ao lado do ícone cultural e turístico, a produção do acarajé é uma empreitada econômica que tem proporcionado trabalho, em especial para as mulheres das camadas populares. Foi essa a imagem explorada no Carnaval Baiano de 2003, quando as baianas de acarajé foram homenageadas sob a égide da "mulher empresária". A produção do acarajé e os demais produtos no tabuleiro da baiana funcionam como uma espécie de empresa familiar e têm representado para algumas mais famosas uma forma de ascensão social.[9] Todavia, já se encontra nas ruas de Salvador um importante contingente de homens trabalhando no ramo, contrapondo essa tradição essencialmente feminina, de mulheres negras e provenientes das camadas populares.[10]

Do ponto de vista religioso, tem-se o chamado "acarajé de Cristo", proposto pelos evangélicos, que se configura em uma espécie de "guerra santa" na Bahia, uma batalha entre o "acarajé de Cristo" e o "acarajé de

---

8   S. Gruzinski. *La pensée métisse* (Paris: Fayard, 1999).

9   O Largo da Mariquita, no bairro do Rio Vermelho, é um marco na batalha pela popularidade e disputa de preços, local onde se situam as Baianas de Acarajé mais famosas: o acarajé da Dinha, hoje administrado pela família após o seu falecimento, o acarajé da Regina e o Acarajé da Cira.

10   Ligia Amparo da Silva Santos, *O corpo, o comer e a comida*, cit.

santo".[11] Trata-se de uma questão complexa e que não pode ser reduzida a uma mera busca de fatia no mercado. É necessário aprofundar o que de fato significa "acarajé de Cristo". Os evangélicos, sob intensos protestos das religiões de matrizes africanas, se apropriam do acarajé, construindo uma ressignificação simbólico-religiosa deste, abrindo assim as possibilidades da sua experimentação "sem pecados" pelos próprios evangélicos e por outros baianos. É como se vissem o acarajé como um produto da "baianidade" e não mais da religiosidade afrobrasileira.[12]

Em relação à produção, há também no mercado versões industrializadas, como a criação de José Clarindo Bittencourt do acarajé em pó, que é um "produto natural, sem conservantes e de gosto aprovado", cuja conservação é feita pela técnica de desidratação, pré-cozimento, e empacotamento a vácuo. Tais produtos são vendidos tanto para as baianas de acarajé como para o consumidor em todo Brasil. O criador queria lançar o "acarajé a tira-gosto", congelado pronto, aos moldes do pão de queijo, para ser preparado em micro-ondas.[13]

No que tange à comercialização e ao consumo do acarajé, observa-se que a iguaria parte dos tabuleiros e ganha espaços em festas, recepções oficiais e empresariais, bem como em outros estabelecimentos, por exemplo, nos *shoppings centers* e restaurantes. Esse fenômeno é contestado pela Abam, que busca, com o poder municipal, estratégias para limitar a venda do acarajé em outros estabelecimentos que não os tradicionais tabuleiros.

Não se pode deixar de notar que o consumo do acarajé se dá, em geral, acompanhado de cerveja ou refrigerante, em especial a Coca-Cola. O acarajé com Coca-Cola parece ser uma combinação típica e familiar para os baianos. Essa bebida mundializada já é apropriada de tal forma que ela não tem o mesmo sabor e sentido quando consumida com um hambúrguer em um *fast-food*, por exemplo. Nessa relação, o global não se opõe ao local, ele é "antropofagicamente" digerido para se conformar nessa combinação particular do local. Décadas atrás, outra marca de

---

11 Nada mais típico para ilustrar essa movimentação que o ponto do "Acarajé da Lôra", que se situa na entrada do Horto Florestal, bairro nobre de Salvador, comandada por uma mulher, evangélica e surfista.

12 Ligia Amparo da Silva Santos, *O corpo, o comer e a comida*, cit.

13 Disponível em http://www.estado.estadao.com.br/editoriais/2001/01/eco079.html.

refrigerante fez uma campanha para se recompor e participar dessa refeição, mas a Coca-Cola parece reinar ao lado da iguaria local.[14]

O último aspecto a ressaltar nesse processo de modernização/preservação cultural do acarajé irá encontrar um paralelismo com as questões que giram em torno da alimentação contemporânea. O discurso da promoção de práticas alimentares saudáveis ganha terreno na contemporaneidade, convocando os sujeitos a uma dieta alimentar de baixo teor calórico e lipídico, e também com restrições ao consumo de sal, frituras e gorduras em geral. Embora esse discurso contemple a preservação dos hábitos alimentares regionais, na prática, o consumo do acarajé não está contemplado como uma prática alimentar saudável.

Santos[15] observou que seus entrevistados consideraram a comida baiana e o acarajé uma comida "pesada", "gordurosa", concluindo ser necessário a restrição do seu consumo. Há um neotradicionalismo na culinária baiana que não parece estar longe de criar versões *light* para contrapor a sua abundância calórica. A produção, comercialização e consumo do acarajé é um processo de reinvenção constante.

Vale salientar que o padrão alimentar cotidiano de Salvador também tem passado por profundas transformações. Contudo, os ímpetos de modernidade têm proposto aos soteropolitanos reavaliar as suas condutas corporais e alimentares, resistindo assim às tentações da sua culinária tradicional. Em estudo recente, observou-se que 26,9% dos adultos soteropolitanos são portadores de sobrepeso, e 13,6%, de obesidade. Identificou-se ainda que 31,1% dos entrevistados desse estudo referiram fazer algum tipo de dieta, e 52,4% referiram fazer restrição a algum tipo de alimento. A mais elevada restrição foi a das gorduras e frituras (69,3%), seguida pelos doces (36,1%), carne vermelha (21,3%) e sal (20,0%). Os principais motivos para tais restrições residem na doença (32,1%) ou porque o entrevistado acredita que o alimento "faz mal" ou "engorda" (29,4%), ou ainda para controle de peso (24,0%).[16]

---

14 Ligia Amparo da Silva Santos, *O corpo, o comer e a comida*, cit.

15 *Ibidem.*

16 A. de O. Assis et al., *Perfil alimentar e nutricional de adolescentes, adultos e idosos da cidade de Salvador*, relatório técnico (Salvador: Ministério da Saúde/Secretaria de Saúde do Estado da Bahia, 2002).

No que tange ao dendê, surpreendente ainda é reconhecer que ele faz parte da nossa comensalidade cotidiana para além das denominadas "comidas de azeite". Via a alquimia da indústria alimentícia, compõe um universo ilimitado de produtos alimentares amplamente conhecidos e consumidos por nós como também fora da Bahia. Vale ressaltar que a história do consumo do dendê na Bahia confunde-se com a diáspora africana, a história da dominação dos povos africanos e a história da escravidão. O dendezeiro, árvore sagrada para as religiões de matrizes africanas, acompanhou os "passos" dos africanos no período de escravidão e deixou a sua marca indelével na nossa cultura, refletindo as relações aqui estabelecidas de poder e dominação étnico-racial. É a dinâmica dessas relações ao longo da nossa história que modula as representações do dendê, o seu lugar na nossa cultura.

É bom ressaltar que comer é muito mais que a ingestão de alimentos que irá compor a materialidade corporal dos sujeitos. Fischler[17] denomina tal processo princípio da incorporação, ou seja: no ato de comer, nós não incorporamos apenas a sua materialidade, mas também todo o seu universo simbólico; nós comemos no plano real e no plano imaginário, ao mesmo tempo que a natureza e a cultura se confundem.

Dessa maneira, a amplitude do universo simbólico que cerca o dendê aponta fortemente para tal perspectiva. Se mergulharmos na mitologia religiosa africana, os múltiplos simbolismos do dendezeiro, o fruto como um oráculo que materializa o olhar permanente do Ifá, a própria palmeira, o azeite e a sua relação com os fluidos corporais, o sangue vegetal, indicando fertilidade e vitalidade são algumas breves relações que poderíamos apontar.[18]

Pode-se ainda extrapolar os sentidos e significados das matrizes religiosas africanas, verificando que o dendê se situa no *ethos* da baianidade, conferindo-lhe uma marca identitária inconfundível: não se pode falar em Bahia sem falar em dendê, conforme aludido anteriormente.

O dendê ainda é expresso nos discursos sobre o jogo sensorial que envolve a comida baiana, afrodisíaca, e com uma dose de erotismo fe-

---

17   Claude Fischler, *L'Homnivore* (Paris: Odile Jacob, 2001).

18   Raul Lody, *Tem dendê, tem axé: etnografia do dendezeiro* (Rio de Janeiro: Pallas, 1992).

minino. A dimensão da transgressão, do pecado, do exotismo, assim como a sua correspondência com a luminosidade tropical, são alguns dos elementos apontados por diversas literaturas que fazem parte desse amplo universo simbólico que cerca o dendê. Basta-nos lembrar, como exemplo, de um dos mais expressivos e conhecidos escritores da literatura baiana e brasileira, Jorge Amado, com os seus personagens, como Dona Flor; da musicalidade de Dorival Caymmi; ou ainda do campo das artes plásticas que são vias pelas quais a cultura do dendê ganha o mundo e popularidade, ainda que muitos não saibam o que significa. A relação dendê e Bahia se solidifica no senso comum.

Pode-se aqui lembrar da obra contemporânea de Ayrson Heráclito, artista plástico baiano que tem o dendê, o açúcar e a carne-seca como as principais matérias-primas de sua obra, conferindo-lhe uma multiplicidade de sentidos. O azeite de dendê é centro da sua investigação, na qual destaca a polivalência de seus usos, a ubiquidade da sua presença nas regiões baianas diretamente envolvidas com a escravidão e o tráfico negreiro.[19]

Entretanto, o dendê e a sua matriz africana parecem diluir-se na Bahia contemporânea, em que diferentes grupos sociais reivindicam esse ícone do dendê como marca identitária. O dendê está presente nos múltiplos discursos dessa terra: turísticos, midiáticos, publicitários, todos utilizam o dendê de diferentes formas, apontando para uma espécie de secularização do dendê, ou seja, desprovido das suas marcas da religiosidade afrobaiana ou brasileira e que todos podem se apropriar.

Em um estudo que está sendo desenvolvido pelo Nepac/UFBA, tem-se observado, nas entrevistas desenvolvidas com sujeitos que consomem o acarajé, que tais discursos apontam para esse consumo secularizado, que pode ser sintetizado da seguinte maneira: o acarajé é parte da nossa cultura, motivo de orgulho e que deve ser valorizado; porém, a questão religiosa que o envolve é algo do passado, portanto que não faz parte do nosso presente.

No que tange à relação do dendê com os discursos da alimentação saudável, voltamos aqui ao debate entre o discurso patrimonialista e os discursos veiculados (e já referidos aqui) sobre alimentação saudá-

---

19   Disponível em http://www.ayrsonheraclito.blogspot.com/.

vel. O discurso da ciência e dos profissionais de saúde é taxativo: as comidas de azeite são vistas, de maneira geral, como muito calóricas e potencialmente danosas à saúde. Diante disso, vale fazer algumas considerações: como pode ser preservado um patrimônio de natureza imaterial se há recomendações para a restrição do consumo, sendo este fundamental para garantir a sua existência cotidiana? Em contrapartida, não há estudos substanciais sobre o dendê, em particular sobre as implicações do seu uso culinário para a saúde. Os raros estudos já têm sinalizado a sua possível ação benéfica na redução dos níveis de colesterol, além da já consagrada riqueza exuberante em vitamina A. O aprofundamento de estudos pode trazer novas representações sobre o dendê no mundo da ciência. Vale ressaltar que a ciência não é neutra, uma vez que é uma atividade humana, produto da cultura, e que também representa muitos aspectos do senso comum e preconceitos que permeiam o universo dos produtores da ciência.

Nessa esteira, vale apontar a taxionomia positivista da ciência que classifica de forma excludente os alimentos como saudáveis e não saudáveis, sendo os nutrientes eixos norteadores que conduzem tal classificação, resultando assim na eleição ou rejeição de determinados alimentos. O alimento, aos olhos das ciências da nutrição, fica reduzido à condição de "fonte", e todos os demais aspectos que o compõem são descartados. Dessa maneira, a relação do dendê como fonte de gorduras reduz a complexidade social e cultural desse alimento.

Tais reflexões não propõem afirmar que a produção científica não é válida. Seria no mínimo um absurdo desconhecer todos os avanços científicos que a humanidade conquistou até o momento. Do mesmo modo, não propõe imbuir o dendê de uma "aura de santidade", o que incidiria no mesmo equívoco classificatório binário do saudável e não saudável. Pretende-se, assim, salientar a necessidade fulcral de estabelecer um profundo diálogo entre os saberes: o saber popular e o saber científico; entre as ciências nutricionais e as ciências sociais e humanas; e entre estas e inúmeras outras formas de conhecimentos produzidos no mundo e que sejam pertinentes à nossa realidade – e que, sobretudo, respeitem as culturas locais e as tradicionais. Por novas formas de ver o dendê entende-se, por exemplo, não classificá-lo como bom ou ruim para a saúde, mas explorar as suas potencialidades e minimizar seus malefícios, valendo-se de que o alimento não é bom ou ruim *per si*, o que ocorre é apenas um bom uso ou mau uso dele. Somado a isso, o consumo de um alimento deve considerar, fundamentalmente, a sua importância histórico-cultural, social e econômica no prato e na vida de um grupo social.

CONSIDERAÇÕES FINAIS Em suma, constata-se aqui, conforme afirmado por Santos,[20] um complexo jogo entre o sagrado e o profano, o tradicional e o moderno, o saudável e o não saudável, no qual o acarajé e o dendê se estabelecem em uma linha tênue entre se manter nos tabuleiros ou descer deles e tomar conta da cidade com o seu caráter simbólico e típico, todavia, se secularizando, embranquecendo e se elitizando.

Santos ainda afirma:

> transformando o acarajé em um patrimônio, os soteropolitanos e turistas são capazes de consumir uma Bahia longínqua, consumir um passado que não mais existe. Significa reconstruir e recuperar a história da cidade subindo as ladeiras da nostalgia presente nas memórias coletivas. Comer um acarajé representa muito mais do que consumir uma iguaria exótica e saborosa, mais do que um alimento calórico na sua matéria é um produto afrobarroco no seu espírito, no qual o dendê se transforma no ouro que enriquece as igrejas da velha cidade da Bahia, compartilhada por ricos e pobres nesta amálgama citadina.[21]

Resta-nos ainda questionar: E como os sujeitos soteropolitanos têm lidado com esses fenômenos? Qual a relação da Bahia contemporânea com o acarajé e o dendê? É importante ressaltar que os processos modernizantes que aportaram nessa cidade ao longo da segunda metade do século XX não só trouxeram parques industriais e reconstruções arquitetônicas, mas também novos processos de corporalidades impondo

---

20 Ligia Amparo da Silva Santos. *O corpo, o comer e a comida*, cit.

21 *Ibid.*, p. 268.

novas disciplinas para o trabalho, por exemplo, bem como novas formas de comensalidade.

Há em curso uma espécie de *lightização* do comer, inteiramente integrado com o projeto moderno que passa também por uma espécie de *lightização* da existência. A busca da leveza, que não é algo novo na história, parece se materializar no ideal do corpo magro, jovem e saudável e da comida *light*. Tudo deve ser *light*: Na festividade baiana, como a tradicional Lavagem do Bonfim, cria-se em paralelo a versão Bonfim *Light*. Há também feijoadas *light*, dendê *light*, que é uma música que fala sobre a Bahia com jazz, entre inúmeros outros exemplos presentes no cotidiano da cidade.

Os discursos dos sujeitos no estudo já referido em torno do dendê e das comidas de azeite são considerados, pelos próprios baianos, "pesados", "exagerados", "gordurosos", conforme aludido anteriormente, tendo ainda como uma máxima que "o baiano exagera em tudo!". Entretanto, quando alguns desses sujeitos foram questionados em relação ao seu consumo, os apreciadores não o descartam, mas prezando pelo valor contemporâneo do equilíbrio e da moderação. O "não exagerar" significa: vale reduzir a frequência e/ou a quantidade consumida, vale criar novas versões culinárias que vão desde reduzir a quantidade do dendê – com uma frase recorrente de pôr um pouco "para dar uma coradinha" –[22] até substituir os gêneros, como curry em vez de dendê, um artifício que preserva o patrimônio da cor, porém impõe outro padrão gustativo.

Por fim, cabe-nos destacar a urgência de maiores reflexões sobre o acarajé, o dendê e a comensalidade baiana de uma forma geral, na busca da compreensão das relações que se estabelecem entre o sentido cultural e simbólico desse universo alimentar em que o dendê impera como o sangue e o sêmen da nossa vitalidade e os apelos da modernidade alimentar que termina por solapar esses sentidos. Estudos e debates são fundamentais para fazer valer a preservação e valorização da comida baiana "de azeite".

---

22 Curiosa é a importância da cor da comida para os baianos: tudo leva algo para dar uma cor, até no arroz com corante; a comida sem cor é uma comida fraca, sem sabor. O valor da comida bem temperada é forte; o tempero parece ter mais relevância que o gênero principal: parece que vale mais um peixe popular como a corvina bem temperada que um mais requintado, a exemplo do robalo, mal temperado.

BIBLIOGRAFIA

ASSIS, A. de O. *et al. Perfil alimentar e nutricional de adolescentes, adultos e idosos da cidade de Salvador*. Relatório Técnico. Salvador: Ministério da Saúde/Secretaria de Saúde do Estado da Bahia, 2002.

FISCHLER, Claude. *L'Homnivore*. Paris: Odile Jacob, 2001.

GRUZINSKI, S. *La Pensée métisse*. Paris: Fayard, 1999.

LODY, Raul. *Tem dendê, tem axé: etnografia do dendezeiro*. Rio de Janeiro: Pallas, 1992.

MINISTÉRIO DA CULTURA. *Ofício de baiana vira patrimônio*. Disponível em http://www.cultura.gov.br/noticias/na_midia/index.php?p=11307&more=1.

MOURA, M. "Etnocenologia e etnoculinária do acarajé, de Vivaldo da Costa Lima". Em ESCOLA DE TEATRO. *Etnocenologia e suas aplicações*. Coleção Cadernos do Gipe-CIT, nº 1. Salvador: UFBA, 1998.

SANTOS, Ligia Amparo da Silva. *O corpo, o comer e a comida: um estudo sobre as práticas corporais e alimentares no mundo contemporâneo*. Salvador: EDUFBA, 2008.

Os sabores de Maria: dendê e a tradicional cozinha baiana

(Texto a partir da entrevista de
Luis Domingos para Raul Lody,
Salvador, outubro de 2008)

Há um sentimento dominante na entrevista de Luis Domingos: o da homenagem à sua mãe, a tão celebrada Maria de São Pedro. Os relatos trazem memórias, unem o saber fazer comida com a fé religiosa nos orixás, nos presentes a Iemanjá, no cotidiano na casa, no restaurante e, em especial, na cozinha, misturando matrizes africanas com o dendê e com outros ingredientes já afrobaianizados, como o leite de coco e as pimentas da terra, e em especial a farinha de mandioca para as farofas e os pirões.

a Maria de São Pedro

Tudo acontece na profunda relação com Xangô, orixá de Maria, e a quem seu filho, orgulhosamente, tem o Oiê – cargo – de Obá da Casa de Xangô, no memorável terreiro de Candomblé Ilê Axé Opô Afonjá, de São Gonçalo, em Salvador.

A memória religiosa de Domingos é plena de histórias, de personagens, das festas aos orixás, de uma trajetória voltada ao tradicional terreiro que em 2010 completa cem anos de fundação pela celebrada Ialorixá Aninha, Obá Byí.

A princípio, Domingos ocupou o cargo de Ossi Ojú Obá ao lado do Ojú Obá, Pierre Fatumbi Verger, que significa no terreiro os olhos de Xangô.

Tudo começou com uma visita de Domingos à Mãe Senhora, Ialorixá no Afonjá, que reinou por um período repleto de reconhecimento pelo povo do santo e pelo povo da Bahia.

A criação da sociedade dos Obás é uma tradição implantada por Obá Byí buscando trazer diferentes segmentos da vida cultural, social, econômica, política da Bahia e representações das famílias, dos herdeiros do povo do santo: alabês, olossaim, ojés, entre outros, fazendo do Afonjá um lugar de convivências com os costumes da Nação Kêtu, orientadora das memórias e dos rituais religiosos dos orixás e outros da Nação Grunci, especialmente representado por Yá, que é lembrada todos os anos nas festas de Iemanjá no terreiro.

Maria de São Pedro, sempre ligada ao mar, tinha obrigação anual de dar presentes para Iemanjá, como relata Domingos. São lembranças de menino que ficaram, vendo a Saveiro repleta de flores e perfumes, tudo arrumado nos balaios entregues na gameleira, em Itaparica.

Domingos continua até hoje a repetir esse presente como faria a sua mãe, também filha de Iemanjá, sempre homenageando esse orixá que também mora nas águas da Baía de Todos os Santos.

Ele relata, ainda, que o mar sempre acompanhou a vida e principalmente o trabalho da cozinheira Maria de São Pedro.

A princípio, teve barraca de comida na Feira do 7, na região do porto de Salvador, e aos sábados ia vender comida em área próxima, na feira de Águas de Menino. Maria vai, então, para o antigo Mercado Modelo, agora num restaurante de nove mesas, sempre muito concorridas, repletas de gente da Bahia e de turistas de vários lugares do Brasil e do mundo querendo provar o tempero de Maria, as receitas tradicionais do Recôncavo, sempre repletas de dendê, e outras como a feijoada de feijão preto, sempre um sucesso no paladar geral.

O restaurante de Maria reinou como o lugar de comer a boa comida baiana, expressando tradição e criatividade próprias de quem sabe cozinhar, e assim estabelecer os melhores contatos que se dão pelo sabor, e pela plena satisfação de ter vivido pela boca um momento especial de comer na Bahia.

Contudo, o Mercado Modelo teve um incêndio em 1968, e pela proximidade com o cais, a água do mar ajudou o trabalho dos bombeiros no enfrentamento desse episódio que tanto marcou a vida da Bahia.

Luis destaca que o restaurante Maria de São Pedro foi o único espaço salvo no prédio durante o incêndio. Tudo foi recuperado. Para Domingos foi Iemanjá quem ajudou Maria e sua família.

Novos endereços até o lugar de hoje, ainda no Mercado Modelo, onde todos os dias Domingos relembra sua mãe no ofício da cozinha, na arte e na tradição de fazer comida baiana, comida de azeite, que tanto identifica e revela essa África integrada na fé religiosa, nos orixás, no Candomblé, nos santos da igreja, e principalmente nas receitas e na preservação dos sabores e gostos que dão sentido e reconhecimento ao restaurante.

Sem dúvida, no cardápio há uma homenagem permanente à Maria de São Pedro. Sua história e memória são relembradas em cada refogado, uso de quiabo, nos odores do dendê fervente, nas misturas do vatapá, ou na massa especial do acarajé.

Maria experimentou desde a infância culturas e formas de traduzir matrizes africanas, e Luis Domingos relata a forte influência da avó materna, dona Josefa, Ialorixá da nação Jeje, que no Recôncavo, especialmente em Santo Amaro, Cachoeira, Muritiba e São Felix, vive uma série de manifestações desse segmento da África ocidental do Benin, com as memórias dos Fon/Ewe, nos tradicionais terreiros que preservam a mitologia dos voduns.

Maria, que nasceu no dia de São Pedro, 29 de junho, daí o seu nome, e sua relação com Xangô, seu orixá, preservou as histórias familiares unidas ao sagrado, e assim soube também sacralizar a cozinha afrobaiana, que ocupou como matriarca notável de saberes tradicionais que foram transmitidos pela palavra, conforme o costume, a seu filho Luis Domingos.

A cozinha de Maria é de base do Recôncavo, portanto variada, com pratos de dendê e com as lembranças da tão conhecida maniçoba.

Cachoeira é famosa pela sua maniçoba, e por esse prato que é feito com a maniva – folha da mandioca. Essa folha é muito tóxica, por isso é cozinhada por dois ou três dias, quando então são acrescentadas as carnes de boi e de porco, os temperos, e principalmente acompanhado da boa farinha de mandioca do Recôncavo, branca e fininha, feito areia de praia.

Luis Domingos destaca a cozinha como um lugar feminino, território da mulher, e assim lembra as funções das *iabassês* – mulheres responsáveis pelas comidas nos terreiros de Candomblé, conhecedoras dos cardápios e receitas dos orixás, bem como das comidas que são servidas nas festas para o público: caruru, vatapá, bolas de inhame, ebô, carnes assadas de caprinos e galinhas, arroz branco, entre muitos outros pratos, em geral combinados com a bebida artesanal aluá, à base de rapadura, gengibre e milho.

Oxalá gosta de comida sem azeite, já Oiá ou Iansã gosta de acará, acarajé com fartura no dendê fervente, e dessa maneira o poder vai se afirmando no papel social e no conhecimento tradicional da mulher no âmbito da comida, pois, saber fazer comida significa ocupar um lugar social muito importante nos terreiros de Candomblé, o que se estende para as casas, restaurantes, bancas dos mercados e tabuleiros nas ruas.

Domingos, sempre ao falar de sua mãe Maria, para os demais Maria de São Pedro, o faz com muita emoção. Ele, certamente, encontra no legado de Maria uma experiência sempre renovada na cozinha, preservada até hoje no conhecido restaurante Maria de São Pedro, no Mercado Modelo de Salvador, Bahia, que continua a tradição das receitas e processos culinários introduzidos por essa baiana, filha de Xangô e Iemanjá.

Hoje, Domingos coordena uma equipe de doze funcionários entre salão, área pública do restaurante e cozinha, reunindo homens e mulheres.

Ele destaca o papel do homem na cozinha mencionando a notável criação masculina dos *chefs* do mundo, e mesmo nos contextos tradicionais da cozinha baiana de matriz africana.

Vê-se hoje os *baianos de acarajé* realizando o mesmo ofício das baianas de acarajé, e complementos de pratos como abará, cocada, doce de tamarindo, bolinho de estudante, entre demais delícias que fazem o tabuleiro.

O conhecimento e a sabedoria culinária vão sendo ampliados com os homens que chegam para mostrar suas habilidades ao usar o dendê, os temperos, e principalmente ao assinar cada prato com o sabor e a memória do paladar, do gosto baiano, unindo memórias arcaicas e reinvenções contemporâneas, mas mantendo identidades afrodescendentes.

Domingos afirma o cuidado e a manutenção das receitas, verdadeiros patrimônios de conhecimento da família, buscando na repetição de cada processo culinário uma homenagem pessoal e cotidiana à Maria de São Pedro, que tanto marcou a cozinha da Bahia e cujo restaurante completou, em 2008, oitenta anos de temperos, odores e sabores baianos, bem como seus muitos vínculos com o sagrado e com a África.

Maria de São Pedro participava das Festas de Largo, festas religiosas para comemorar santos católicos profundamente identificados com os orixás, como: Conceição da Praia – Oxum; Santa Luzia – também Oxum; Bonfim – Oxalá, em especial Oxalufã; também o dia 2 de fevereiro, dia de Iemanjá, todas marcadas pelas barracas de comida, pelo samba de roda, sendo lugar de viver a religiosidade, de encontros, de sociabilidades, de reunião do povo do santo.

As barracas eram itinerantes e montadas próximas às igrejas, testemunhando rituais de fé, procissões, missas e comidas, muitas comidas, seguindo os cardápios das casas, dos restaurantes e dos mercados.

Cardápios de feijoada, caruru, vatapá e moquecas, Maria tinha na sua barraca. Cozinhava em casa e levava enormes panelas repletas de sabores para integrar com as outras cozinheiras esse amplo banquete de devoção e principalmente de festa, lembranças de festas nos terreiros, onde se come muito e bem, lembrando sempre a África pela boca.

As barracas das Festas de Largo eram verdadeiras instalações com pinturas temáticas referentes às sereias, Nossa Senhora da Conceição, Santa Bárbara, além dos caboclos, ancestrais que foram interpretados pelo povo do santo como os ancestrais da terra, ancestrais brasileiros. Ainda, cortinas e detalhes em chitão multicolorido, peças de barro contendo folhas para proteção: peregum, espada-de-são-jorge, São Gonçalinho, guiné, pinhão roxo, entre outras, integravam os ambientes, onde tudo acontecia em profunda religiosidade, à moda afrobaiana.

Com certeza, essas experiências de cardápios ampliados nas festas públicas estão também nas maneiras de selecionar os ingredientes e, assim, realizar cada receita.

Para homenagear Maria, sua mãe, Domingos inclui no cardápio do restaurante o prato *Segredo de Maria*: uma mistura de feijão-de-azeite – feijão-fradinho, camarão seco, dendê, temperos e galinha, segundo a receita do xinxim, com dendê e outros ingredientes, tudo acompanhado da tão apreciada farofa amarela –, farinha de mandioca e dendê.

Sem dúvida, nesse prato emblemático, o dendê impera como azeite, uma das mais notáveis marcas dos povos do outro lado do Atlântico na mesa baiana.

As comidas com dendê são conhecidas como comidas de azeite, e as demais, com azeite de oliva, poderão ser chamadas comidas de azeite doce.

Há uma tradição em Salvador de comer comidas de azeite na sexta-feira, especialmente no calendário da Semana Santa, quando são tradicionais os almoços com vatapá, efó, caruru, feijão-de-azeite, moquecas, entre outros.

Luis Domingos destaca a composição de alguns pratos condimentados, como as moquecas de peixe e de camarão, o vatapá, com pratos sem tempero, como o acaçá ou acaçá branco, feito de milho branco, onde o mungunzá é usado como uma massa que é cozida envolta em folha de bananeira, aliás, exatamente como acontece no processo de fazer o abará (massa de feijão-fradinho, cebola, sal, camarão seco e dendê).

Essa combinação do temperado com o sem tempero, segundo Domingos, é o sabor da Bahia, uma mistura que é o resultado de uma cozinha antiga, milenar, como a africana, e que no Brasil ganha novos acréscimos e, desse modo, conforma a nossa mesa multicultural.

Ainda como um bom acompanhamento para os pratos de azeite, Domingos destaca uma receita tradicional do arroz de Hauçá, que é um arroz bem cozido, unido, com leite de coco, um pouco de açúcar e um pouco de sal para apurar o sabor.

Nos cardápios baianos veem-se algumas variações nas receitas de arroz de Hauçá, entre elas há uma coletada por Manoel Querino na cidade de São Salvador no início do século XX:

> Cozido o arroz na água sem sal, mexe-se com a colher de madeira até que se torne delido, formando um só corpo e, em seguida adiciona-se um pouco de pó de arroz para assegura a consistência. Prepara-se, depois, o molho em que entram como ingredientes a pimenta-malagueta, cebola e camarões, tudo ralada na pedra. Leva-se o molho ao fogo com azeite de cheiro e um pouco d'água, até que está se evapore. Como complemento ao arroz de Hauçá, o africano frigia pedaços de carne de charque que eram espalhados sobre o arroz juntamente com o molho.[1]

---

1   Manoel Querino, *A arte culinária na Bahia* (Salvador: Livraria Progresso, 1952), pp. 31-32.

O Restaurante Maria de São Pedro se afirma, também, com as moquecas, e principalmente com o trabalho culinário, que começa na escolha dos ingredientes, entre os quais destaca-se o dendê, conhecido na mesa baiana como "azeite de cheiro" ou apenas azeite.[2]

Domingos diz: "Vou pessoalmente, todos os dias, na feira de São Joaquim para fazer compras".

Destaca o azeite, que ele afirma como sendo o melhor o vindo de Valença, e, assim, adquire latas de vinte litros. Adquire ainda o bom camarão seco, bem escolhido, artesanal, preparado com folha de aroeira. Escolhe também a farinha de mandioca, bem fina, típica do Recôncavo, além de pimentas, gengibre, amendoim, castanha-de-caju, e tudo mais que as misturas exigem para celebrar sempre o dourado dendê.

---

2   Pratos de dendê servidos no restaurante Maria de São Pedro: vatapá, caruru, moqueca de peixe, xinxim de galinha, moqueca de ostras, moqueca de siri catado, mariscada, moqueca de polvo, bobó de camarão.

MOQUECA DE CAMARÃO
(servido no restaurante Maria de São Pedro)

Ingredientes:
1 kg de camarão fresco limpo
2 cebolas médias
3 dentes de alho
2 limões galego ou taiti médios
5 galhas de coentro
3 tomates médios maduros
1 pimentão verde pequeno
1 garrafa (200 ml) de azeite de dendê
1 garrafa de leite de coco (200 ml)
sal a gosto

Modo de fazer:
Lave o camarão. Depois de escorrê-lo, deixe-o marinar no sumo do limão durante 10 minutos. Pegue o alho e o sal a gosto, a cebola e o coentro, e macere tudo junto. Misture o camarão e os temperos macerados. Acrescente o azeite de dendê, misture o leite de coco e leve ao fogo. Acrescente o pimentão, os tomates e a cebola em rodelas por cima e deixe cozinhar por 15 minutos. Quando estiver fervendo, acrescente ½ xícara de água. Sirva com arroz branco e farofa de dendê.
Rendimento: 4 porções.

Dendê e a nova cozinha baiana

Beto Pimentel

INTERESSE PELA COMIDA BAIANA Além de agrônomo, de amar a terra e plantações, um dos meus *hobbies* favoritos sempre foi cozinhar. Sempre achei a cozinha africana da Bahia uma das bases da cultura baiana e, talvez, a maior contribuição dos negros à Bahia.

Entre outros locais, o dendê chegou também à Bahia, mas só os baianos conseguiram desenvolver uma cozinha afrobrasileira, que em verdade é afrobaiana. Acho isso genial.

As necessidades que os escravos passaram aguçaram a sua criatividade. Mesmo com as dificuldades em que viviam eles conseguiram fazer maravilhas, como, para mim, as duas melhores iguarias do mundo: o acarajé e o vatapá.

No século XIX comiam-se todos os dias os pratos da "nova cozinha" nas casas de Salvador, no Recôncavo e no litoral. Em meados do século XX essa frequência baixou para uma ou duas vezes por semana. E hoje são poucas as casas que a fazem uma vez por mês ou em situações especiais. E um dos motivos para essa diminuição é, com certeza, esse rótulo errôneo de que a comida baiana é "pesada".

Daí partiu o meu maior interesse: modificar esse conceito mundial estereotipado de que a culinária afrobaiana é "carregada", "pesada", "faz mal", "de lenta digestão", entre outros.

A IMPORTÂNCIA DO DENDÊ Segundo um historiador português, "o óleo de dendê tem o cheiro das violetas, o sabor do azeite de oliva e tinge os alimentos com a cor do açafrão, sendo, entretanto, mais atrativo".

O azeite de dendê é o ingrediente símbolo da cozinha baiana. Quase todas as comidas o têm como ingrediente, como tempero e/ou como decoração.

Delicioso, porém não muito fácil de usar. Tem de ser empregado com sabedoria.

É o dendê que dá à comida baiana aquele odor penetrante, sabor especial e colorido encantador, incomparável, que a faz diferente de todas as demais do mundo.

O óleo de dendê já era apreciado nas cortes dos faraós do Egito há cinco mil anos. E hoje seu uso não se limita à indústria alimentícia, pois é utilizado também na indústria cosmética e oleoquímica, como matéria-prima para produção de biodiesel, etc.

Ao contrário do que muita gente pensa, o azeite de dendê não possui colesterol "ruim". Trata-se de um excelente alimento; melhor ainda quando usado sem a presença do leite de coco industrializado, que é o que provoca o efeito laxativo que lhe atribuem.

No contexto atual o azeite de dendê, ou o *palm oil*, como é chamado em outros países, disputa em igualdade de condições com o óleo de soja a preferência mundial do mercado consumidor.

Posso afirmar, sem temor, que sem o dendê não existiria a comida baiana.

O QUE É A NOVA COZINHA BAIANA? O mundo evolui por segundo. Por que a culinária baiana teria de ficar estagnada no tempo? Ela foi descoberta pelos escravos há mais de trezentos anos, quando não se sabia o que era triglicerídeo, gordura saturada, matéria graxa, raverestre, raverestrol, selênio, licopeno, antocianina, betacaroteno, etc.

A criatividade existe em todo ser humano, mas infelizmente muitos não têm disposição ou têm medo de tentar, de inovar, de pesquisar – de "fuçar", como dizem os baianos. E por isso a culinária baiana ficou atrasada, tornou-se conhecida como "carregada" em gordura, "pesada", indigesta, calórica. Mas na verdade, ela pode ser leve.

Elogio em causa própria é ruim, mas prefiro "uma verdade arrogante a uma falsa modéstia". Na verdade, até onde sei, a culinária baiana sofreu modificações, inovações, a partir de meus novos conceitos e pesquisa. Eu não utilizo produtos industrializados e sou atento à ciência da alimentação. Adoro a comida baiana que faço. Além de ser saudável e gostosa, estamos lidando com "as nossas coisas".

Você é o que você come. E se você come mal, vive também mal.

A nova cozinha baiana não admite esses excessos. É uma culinária leve, saborosa e bonita de ver. Possui o limite para as cores nos seus olhos.

Para que usar a combinação de azeite de dendê levado a 300 °C na indústria, onde são eliminados todos os nutrientes, com o leite de coco também industrializado, que é supergorduroso e calórico? Essa combinação nunca me fez bem.

Gosto de usar o biribiri como o limão, cujo ácido tem a propriedade de corroer cálculo renal, baixar colesterol e regular diabetes, sendo considerado o fruto mais digestivo que existe. Com esse fruto, o bacumixá e a uvaia, não é preciso usar vinagre. Para que usar extrato de tomate se temos urucum e o próprio tomate? Uso também a folha da tangerina e da laranja da terra picadas, capim-santo, gengibre, resina de amescla, o fruto do dendê ou a massa (que é seu óleo extravirgem, muito leve e aromático), o coco verde (que é 80% menos calórico que o coco seco), a água de coco (rica em minerais e potássio), o caldo de acerola ou da pitanga, etc.

A nova cozinha baiana faz sucesso não só pelo sabor, mas também pela leveza e delicadeza. Isso foi conseguido através de uma volta às origens (o dendê e o leite de coco recebem tratamento antigo e hoje se tornam absolutamente renovadores) e também com inovações.

Alguns criticam dizendo que estou descaracterizando a culinária baiana. Respondo que descaracterizar é uma coisa e evoluir é outra. Por exemplo: o que é o vatapá senão uma "açorda" (prato típico português) em que se trocou o leite da vaca pelo leite de coco, o azeite de oliva pelo dendê e os temperos portugueses pelas especiarias baianas?

A cozinha que apresento não é minha, mas dos antigos escravos, que, como já citei aqui, mesmo com as dificuldades em que viviam, eles conseguiram fazer maravilhas.

Essa história de que para fazer boa comida é preciso só "amor", não é bem assim que funciona... Amor dá bons fluidos, mas não dá sabor. Cozinha é atenção, dom, sapiência e cultura.

Se eu pudesse resumir diria que a nova cozinha baiana é mais leve, mais nutritiva, mais cheirosa, mais bonita, mais colorida e mais saborosa. Feita para agradar e deslumbrar a visão, o olfato e o paladar.

CARDÁPIOS COM DENDÊ – RECEITAS A variedade de cardápios que podem ser feitos com dendê é vasta.

Muitos estrangeiros que vêm ao restaurante, *chefs* conhecidos e renomados, cozinheiros de fim de semana ou mesmo amantes de uma boa comida, se apaixonam pelo nosso azeite e o estão levando pelo mundo.

O *palm oil* ultrapassou as fronteiras da cozinha afrobaiana. Ele não é só usado em moquecas, efós, caruru, xinxins, abarás e acarajés... O dendê ganhou o mundo!!! Até biscoitos estão sendo feitos com o azeite de dendê, porque ele diminui o efeito maléfico da gordura hidrogenada, da gordura trans.

A seguir, duas receitas: moqueca de maturi, que é castanha-de-caju verde; e "vatapá de inhame do Beto".

No vatapá, substituo o pão pelo inhame, um tubérculo maravilhoso. Podemos fazer variações também com aipim, fruta-pão, jerimum e até biscoito "água e sal". Porém, o inhame é a melhor opção; seu sabor é o mais neutro e deixa o vatapá com gosto de vatapá, além de a textura ser bem melhor. Sim, porque o vatapá para ficar bom tem de ser muito bem feito, tem de sumir na boca, não ter migalhas, como um *sorbet*.

Para quem ainda faz vatapá com pão velho, saibam que os escravos só o utilizavam porque não tinham dinheiro para comprar pão novo. Sem contar que o pão tem muita química. A indústria está se lixando para a nossa saúde; querem vender o produto deles e pronto.

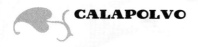 ## CALAPOLVO

Ingredientes:
100 g de camarão pistola
100 g de polvo cozido
100 g de cauda de lagosta cozida ou crua
100 g de maturi (castanha do caju ainda verde) ou 50 g de baru
100 g de palmito fresco
200 ml de lâminas de coco verde batidas com a água de coco
1 colher (sopa) de tomate bem picado
1 colher (sopa) de cebola bem picada
½ colher (sopa) de pimentão bem picado
½ colher (sopa) de coentro selvagem ou comum bem picado
1 colher (sopa) de salsa bem picada
1 colher (sopa) de cebolinha bem picada
2 folhas de tangerinas muito bem picadas, por ser mais ásperas
2 folhas de pitanga picadas
2 folhas de capim-santo picadas, sem o talo central
1 folha de limão picada
1 folha de lima-da-pérsia picada
1 pitada de noz moscada
½ colher (café) de gengibre ralado
½ colher (chá) de alho amassado
1 colher (chá) de camarão seco ou defumado moído (lembre-se de retirar os olhos, pois amargam)
½ colher (sopa) do sumo do limão, biribiri ou bacumichá
sal a gosto

Modo de fazer:
Coloque numa panela de barro o coco verde batido na água do próprio coco com o palmito fresco e todos os demais ingredientes, menos o camarão, a lagosta e o polvo. Deixe cozinhar por 5 minutos. Em seguida coloque o camarão, a lagosta e o polvo e deixe cozinhar por mais 10 minutos, sem tampar a panela, para não mudar a tex-

tura das carnes. Caso o camarão e o polvo tenham sido pré-cozidos, deixe apenas mais 5 minutos em vez de 10.

Para decorar o prato, use 6 frutos do dendê, 100 g de lâmina de coco verde, 2 folhas de vinagreira, 6 frutas de vinagreira, 2 biribiris fatiados com lâminas bem finas, 6 pimentas de biquinho e 6 amoras. Desligue o fogo e acrescente 1 colher (sopa) da polpa fresca do dendê e duas colheres de azeite de oliva. Toda a decoração é comestível. Rendimento: 6 porções.

DANDÁ DE CAMARÃO

INGREDIENTES:
400 g de camarão grande limpo
400 ml de leite de coco verde
2 colheres (sopa) de salsa picada
2 colheres (sopa) de tomate picado
3 colheres (sopa) de cebola picada
10 camarões defumados limpos
2 colheres (sopa) de azeite de oliva
1 colher (sopa) de azeite de dendê
sal a gosto
100 g de maturi (castanha de caju verde)
100 g de aipim (mandioca) cozido

MODO DE FAZER:
Coloque os camarões em uma panela pequena e reserve. Refogue a salsa, o tomate e a cebola com azeite de oliva a gosto. No liquidificador, bata o leite de coco com os temperos refogados e os camarões defumados. Coloque os ingredientes batidos sobre os camarões que estavam reservados, junte 2 colheres de azeite de oliva e sal a gosto. Cozinhe por 3 minutos. Enquanto isso, bata no liquidificador o maturi e o aipim, com a metade do creme que já foi batido no liquidificador, até ficar homogêneo. Junte com os camarões e finalize com azeite de dendê.
Rendimento: 4 porções.

 ## MOQUECA DE CAJU

Ingredientes:
400 g de caju
300 mℓ de leite de coco verde (de preferência)
1 colher (sopa) de tomate picado
1 colher (sopa) de cebola picada
1 colher (sopa) de pimentão picado
1 colher (sopa) de cebolinha picada
1 colher (sopa) de salsa picada
½ dente de alho amassado
1 pitada de gengibre ralado
1 colher (sopa) de camarão seco em pó
1 pitada de noz-moscada
1 limão (suco)
1 folha bem picada de: laranja, limão, tangerina, pitanga, capim-santo e coentro-da-índia
1 colher (sopa) de azeite de oliva extravirgem
1 colher (sopa) de azeite de dendê
sal a gosto

Modo de fazer:
Corte as extremidades do caju e descarte-as. Tire a pele da fruta e fure-a bastante com um garfo.
Esprema bem o caju para tirar todo o sumo (aproveite e faça um delicioso suco). Desfie-o. Reserve.
Em uma panela de barro, de preferência, coloque o leite de coco, o tomate, a cebola, o pimentão, a cebolinha, a salsa, o alho, o gengibre, o camarão seco, a noz-moscada, o suco do limão, as folhas picadas, o caju desfiado e o sal. Cozinhe por 10 minutos.
Desligue o fogo e acrescente o azeite de oliva e o azeite de dendê.
Rendimento: 2 porções.

Observação: Essa moqueca pode ser de maturi também. Basta substituir o caju por maturi.

MOQUECA VEGETARIANA

INGREDIENTES:

40 g de milho verde

40 g de ervilha

40 g de couve-flor

40 g de vagem

40 g de batata-doce

40 g de aipim

40 g de feijão verde

40 g de cenoura

40 g de maturi

300 ml de leite de coco, batido com a própria água

1 colher (sopa) de tomate picado

1 colher (sopa) de cebola picada

1 colher (sopa) de pimentão picado

1 colher (sopa) de cebolinha picada

1 colher (sopa) de salsa picada

1 colher (chá) de alho amassado

1 pitada de noz-moscada

1 colher (chá) de gengibre ralado

1 limão (suco)

1 folha bem picada de cada um dos seguintes frutos: laranja, limão, tangerina, pitanga, capim-santo e coentro-da-índia

1 colher (sopa) de azeite de oliva extravirgem

1 colher (sopa) de azeite de dendê

sal a gosto

MODO DE FAZER:

Ferva separadamente o milho verde, a ervilha, a couve-flor, a vagem, a batata-doce, o aipim, o feijão verde, a cenoura e o maturi. Em uma panela de barro, coloque o leite de coco, o tomate, a cebola, o pimentão, a cebolinha, a salsa, o alho, o gengibre, a noz-moscada, o suco do limão, as ervas picadas e leve ao fogo. Em seguida coloque, em montinhos, os legumes, as verduras e os grãos na panela. Deixe cozinhar por 10 minutos, desligue o fogo e acrescente o azeite de oliva e o dendê.

Rendimento: 4 porções.

 **VATAPÁ DE INHAME**

Ingredientes:
300 g de inhame cozido
400 ml de leite de coco (de preferência leite de coco verde)*
50 g de camarão seco defumado
50 g de camarão fresco
30 g de castanha-de-caju
30 g de amendoim torrado
1 cebola média picada
2 colheres (sopa) de azeite de oliva extravirgem
1 colher (café) de gengibre
2 colheres (sopa) de azeite de dendê
sal a gosto

Modo de fazer:
Refogue a cebola em uma frigideira com azeite de oliva.
Bata no liquidificador o inhame, o leite de coco, o camarão seco, o camarão fresco, a castanha-de-caju, o amendoim e o gengibre. Depois passe na peneira para não ficar "pedaços". Junte a cebola refogada.
Cozinhe por 5 minutos, mexendo sempre.
Após desligar o fogo, acrescente o sal e o azeite de dendê.
Rendimento: 4 porções.

---

* 400 ml de leite de coco verde: bata no liquidificador 300 ml de água de coco com 200 g da polpa (carne) do coco verde.

Cardápios dos orixás

Elmo Alves

É praticamente impossível desassociar a culinária baiana do dendê. Toda vez que pensamos em comida baiana ligamos diretamente as produções culinárias que se utilizam do dendê no seu preparo. O dendê é um elemento idiossincrático da nossa culinária: nos identificamos nele e através do seu uso ratificamos a nossa cultura e formação cultural.

Um produto africano que se adaptou perfeitamente ao nosso clima e que devido a sua larga utilização na vertente religiosa da nossa culinária dos "deuses" ganhou grande importância na nossa cultura gastronômica, embora considerado por muitos um produto de negros, sendo, assim, marginalizado, discriminado e colocado numa posição dita inferior, se comparado a outros produtos do gênero. Sua importância é percebida e ratificada através da sua utilização no dia a dia do baiano, tanto na mesa, com suas produções culinárias, quanto em toda prática que envolve desde o plantio até a sua fabricação.

A culinária baiana tem três vertentes de origem: a vertente da subsistência – de onde se originam os pratos chamados "comida de senzala", cuja finalidade era nutrir, alimentar os negros subjugados pelo manto da escravidão; a vertente sertaneja – a culinária que nasce no sertão, no interior da Bahia, nas mãos dos tropeiros, dos sertanistas que desbravaram, adentraram e se adaptaram a uma culinária baseada em grãos, raízes e carnes-secas; e a vertente religiosa – a mais importante, que nasce da necessidade do africano de cultuar os seus africanos (orixás). Uma vez que o negro escravizado e retirado do seu hábitat não sofreu processo de catequização, ele buscou manter suas práticas ritualísticas, baseadas nas oferendas aos seus orixás, tendo o dendê um papel de fundamental importância na preparação dessas oferendas, já que quase todos os orixás (com exceção de Oxalá, Iemanjá e Nanã) se agradavam com o dendê nas suas oferendas. Nascia, assim, um verdadeiro manjar dos deuses, que logo saiu das senzalas e dos batuques dos negros para a mesa do senhor e, consequentemente, de todos os lares da sociedade baiana, tendo a tradição oral dado a maior contribuição para a manutenção dessa cultura gastronômica, uma vez que essas receitas eram passadas de mãe para filha, numa tradição embasada nas mesmas práticas de passagem dos "conhecimentos" dos fundamentos do Candomblé.

A culinária dos deuses passou a se confundir com a dos homens, ganhando signos e significados sociais no cotidiano do baiano. A mistura ao mesmo tempo do profano e do sagrado dá à culinária baiana uma posição ímpar, se comparada a outras culinárias.

Os frutos do dendê, além de serem fundamentais para a produção do óleo de palma (essencial para a nossa culinária afrobrasileira) e do óleo de palmiste, tem outro papel importante para os terreiros de Candomblé, onde são utilizados como instrumentos de Ifá (deus da adivinhação), nas consultas de oráculos como o chamado Opelé Ifá.

A nossa culinária nasce da fusão cultural de três raças (africana, portuguesa e indígena); no entanto, a que mais predomina é a nossa influência africana, ou seja, pelos preceitos de ordem religiosa, pela variedade, cor, aroma e sabor conferidos pelo azeite de dendê, leite de coco, pimenta e camarão seco...

É graças a essa culinária voltada aos orixás que temos uma diversidade de pratos e de modos de preparo em que se utiliza o dendê como elemento mestre, nos quais podemos citar alguns preparos que sem o dendê não faria sentido, "não existiria axé".

CARURU (DEDICADO A IBEJI) É um dos pratos emblemáticos da mesa baiana, como o acarajé e o vatapá. Nas festas de Cosme ou dos mabaço, além do prato principal, à base de quiabos e dendê, geralmente servido em gamela de madeira arredondada, há sempre abará, acaçá, pipoca, rapadura, frutas, principalmente a cana-de-açúcar, farofa de azeite, queimados (doces), inhame, batata-doce e banana frita. Bebe-se vinho, refrigerantes e aluá.

O milho demorado na água, depois de três dias, dá a esta um sabor acre, de azedume, pela fermentação. Côa-se a água, adiciona-se pedaços de rapadura e, diluída esta, tem-se bebida agradável [...].[1]

INGREDIENTES:
1,2 kg de quiabo
120 ml de azeite de dendê
60 g de castanha-de-caju torrada
40 g de amendoim torrado e descascado
80 g de camarões secos moídos
20 g de camarões secos inteiros (descascados)
120 g de cebola
½ colher (chá) de gengibre ralado
sal a gosto
2 litros de caldo preparado com aparas de peixe (200 g de aparas
    de peixe, mais água, coentro e cebolinha)

MODO DE FAZER:
Corte os quiabos miudinhos ou passe-os em máquina.
Bata no liquidificador a cebola e reserve.
Bata os camarões secos moídos, amendoim, castanha-de-caju e gengibre. Reserve.
Refogue em azeite de dendê os camarões secos inteiros e descascados e a cebola moída. Em seguida, adicione o restante dos ingredientes triturados. Acrescente o quiabo e o caldo de peixe para cozinhar. Mexa sempre até ficar com uma consistência pastosa.
Rendimento: 6 porções.

---

1   Antonio Carneiro, *Antologia do negro brasileiro* (Rio de Janeiro: Ediouro, 2005), p. 451.

ACARAJÉ (DEDICADO A OIÁ) O acarajé faz parte da dieta tradicional do baiano. Sua fama é justificável pelo sabor ou como um verdadeiro alimento-símbolo da culinária africana no Brasil, especialmente na cidade de São Salvador.

Nas bancas e nos tabuleiros o ato de abrir o acarajé significa acrescentar recheios saborosos, entre eles as pimentas. Em âmbito sagrado, os acarajés são apenas fritos. Os maiores e alongados servem para o orixá Xangô, rei africano, Alafin de Oyó; os pequenos são oferecidos a sua mulher, Oiá, Iansã, Matamba, rainha valente, meio fêmea, meio macho.

INGREDIENTES:
800 g de feijão-fradinho quebrado
80 g de cebola ralada
500 m*l* de azeite de dendê
sal a gosto

MODO DE FAZER:
Deixe o feijão de molho por 5 horas, lave-o em seguida e retire toda a casca. Depois de lavado, passe no moedor de cereais, transformando-o em massa. Acrescente a cebola e o sal.
Bata a massa com colher de pau para que fermente e fique bem leve. Molde os acarajés nessa mesma colher e frite no azeite de dendê.
Rendimento: 6 porções.

EFÓ (DEDICADO A OSSANHY) É um prato que também integra o cardápio do Candomblé, especialmente na festa do orixá Omolu, em cerimônia coletiva chamada Olubajé.

INGREDIENTES:
800 g de taioba ou língua de vaca
80 mℓ de azeite de dendê
40 g de camarões secos inteiros
40 g de camarões secos moídos
40 g de amendoim torrado, descascado e moído
80 mℓ de leite de coco
80 g de cebola
sal a gosto

MODO DE FAZER:
Cozinhe a taioba com água e sal. Em seguida, escorra a água, passe no moedor ou corte as folhas bem miúdas.
Refogue no azeite de dendê com cebola, camarões secos inteiros e taioba.
Acrescente os demais ingredientes mexendo sempre.
Rendimento: 6 porções.

FEIJÃO-FRADINHO (DEDICADO A OXUM) O feijão-fradinho faz parte de vários pratos da mesa baiana. Está no acarajé e no abará ou acrescido de refogados com temperos, incluindo-se o azeite, aí chamado feijão-de-azeite, que também é a base de um prato ritual do Candomblé, o omolucom.

INGREDIENTES:
600 g de feijão-fradinho
40 m*l* de azeite de dendê
4 ramos de coentro
20 g de camarões secos
40 g de castanha-de-caju torrada, descascada e moída
40 g de amendoim torrado, descascado e moído
sal a gosto

MODO DE FAZER:
Cozinhe o feijão com água e sal. Prepare um refogado com azeite de dendê, cebola, camarões secos inteiros e acrescente o feijão cozido aos demais ingredientes. Decore com coentro.
Sirva acompanhado de xinxim de galinha e moquecas.
Rendimento: 6 porções.

ERAN-PATERE (DEDICADO A EXU)

INGREDIENTES:
1,2 kg de carne bovina
60 g de farinha de mandioca
120 ml de azeite de dendê
½ colher (chá) de pimenta-do-reino moída
sal a gosto

MODO DE FAZER:
Corte a carne bovina em bifes e tempere com sal e pimenta-do-reino. Empane os bifes na farinha de mandioca e frite-os no azeite de dendê.
Sirva acompanhado de arroz, caruru, efó.
Rendimento: 6 porções.

FAROFA AMARELA (DEDICADA A EXU) Farofa de dendê, farofa de azeite, farofa que integra as mesas do cotidiano e das festas.

Farinha de mandioca, fininha, bem fininha, como as farinhas do Recôncavo, ou grossa, bem ou mal-assada, acrescida de temperos e atos criativos de elaborar as misturas.

A farinha é básica na mesa nordestina e, na Bahia, juntam-se especialmente as pimentas.

É farofa de tudo que é jeito. Servidas à mesa, onde são feitas, no próprio prato, aproveitando caldos, legumes e molhos picantes; complemento e arremate de uma boa refeição.

INGREDIENTES:
400 g de farinha de mandioca
100 ml de azeite de dendê
40 g de camarões secos catados
80 g de cebola
sal a gosto

MODO DE FAZER:
Coloque em uma panela o azeite de dendê e a cebola picada para refogar. Acrescente em seguida os camarões secos e a farinha de mandioca.

Sirva acompanhando xinxim de galinha e moquecas.

Rendimento: 6 porções.

XINXIM DE GALINHA (DEDICADO A EXU E OGUM)

INGREDIENTES:
1,8 kg de galinha
160 g de cebola
100 ml de azeite de dendê
3 dentes de alho moídos
20 g de camarões secos moídos
20 g de castanha-de-caju torrada, descascada e moída
20 g de amendoim torrado, descascado e moído
40 g de camarões secos inteiros (descascados)
½ colher (chá) de gengibre ralado
sal a gosto

MODO DE FAZER:
Corte a galinha em pequenos pedaços e lave-os com vinagre ou limão. Refogue os pedaços da galinha no azeite de dendê e deixe cozinhar. Adicione os camarões secos, inteiros e moídos, o alho, a cebola, o gengibre, o sal, e deixe cozinhar por mais 15 minutos. Em seguida, coloque a castanha e o amendoim moídos. Sirva acompanhado de arroz.
Rendimento: 6 porções.

A maioria dos pratos é oferecido a Exu, pois ele aceita tudo que a "boca come". É um verdadeiro glutão. O mesmo não ocorre com Oxalá, que tem uma verdadeira rejeição ao dendê.

A culinária baiana é muito marcada pelas suas influências indígenas, asiáticas, portuguesas ou africanas, sendo a religiosidade uma forma de expressar o sagrado, que mais contribuiu para o nascimento de uma culinária voltada para as oferendas dos orixás. Nos costumes de ofertar o caruru, uma espécie de "orgia culinária", como no dia de São Cosme e Damião, em busca de "bênçãos do Santo" para quem oferece. Sendo essa prática também uma espécie de congraçamento que fortifica os laços de amizade e familiares por trás de um convite para comer "o caruru de Cosme". Dessa forma, tem-se o caruru não só como uma produção gastronômica, mas como um elemento aglutinador que se faz presente na tradição religiosa do baiano e que se traduz num ato de fé e nas relações sociais dos que reproduzem esse ato.

MUMÚ TI IEMANJÁ

INGREDIENTES:
1 kg de milho branco
1 kg de arroz branco
cebolas descascadas trituradas ou raladas
1 colher (sopa) de banha de orí (gordura vegetal de origem africana)
sal a gosto

MODO DE FAZER:
Depois de catado, cozinhe o milho branco muito bem e escorra. Em outra vasilha, cozinhe o arroz em bastante água. Depois de cozido, escorra e lave em água corrente. Faça um refogado de cebola e banha de orí, sal a gosto, e refogue cada um separadamente. Em seguida, coloque em uma única vasilha as duas comidas, ocupando a metade da vasilha com cada uma delas. Deixe esfriar e está pronto.
Rendimento: 6 porções.

MANJAR DE COCO (IEMANJÁ)

Ingredientes:
1 ℓ de leite
1 vidro pequeno de leite de coco
100 g de coco ralado seco sem açúcar
6 colheres (sopa) de amido de milho
8 colheres (sopa) de açúcar

Modo de fazer:
Coloque o leite, o açúcar, o leite de coco e o coco ralado em uma panela, misturando bem. Leve ao fogo e junte o amido de milho dissolvido em um copo de leite.
Mexa sempre até engrossar. Aguarde mais 1 minuto e despeje em uma forma decorada untada com óleo ou simplesmente molhada.
Deixe esfriar e leve à geladeira por duas horas.
Sirva com calda de ameixa ou de morango.
Rendimento: 4 porções.

VATAPÁ Em seu preparo entram pão molhado ou farinha de rosca. Há receitas que utilizam fubá, gengibre, amendoim, castanha-de-caju, leite de coco, azeite de dendê, cebola e camarão seco. Pode ser preparado com camarões frescos inteiros ou com peixe, bacalhau, e acompanhado de arroz branco ou de coco.

A consistência é de creme.

Também é muito famoso no Pará, onde a receita sofre variações, como a ausência de amendoim e de outros ingredientes comuns na versão tradicional baiana.

O vatapá é influência da culinária africana trazida pelos escravos nos navios negreiros a partir do século XVI. E com os ingredientes encontrados nesta nova terra e a necessidade de suplementar sua dieta alimentar, desenvolveram outros pratos, que passaram a ser típicos da culinária brasileira. São exemplos o angu, a feijoada, entre outros.

INGREDIENTES:

10 fatias de pão de forma sem casca
100 g de bacalhau ling demolhado
300 g de cebola picada
100 mℓ de azeite de dendê
50 mℓ de azeite de oliva
200 g de camarão defumado triturado
60 g de castanha-de-caju triturada
60 g de amendoim triturado
½ colher (chá) de gengibre ralado
200 mℓ de leite de coco
500 mℓ de caldo de peixe
camarões grandes à vontade
sal a gosto

MODO DE FAZER:

Coloque o azeite de dendê em uma panela e adicione o azeite de oliva. Deixe aquecer, junte a cebola picada e refogue até caramelizar. Adicione o bacalhau já dessalgado e refogue. Acrescente o caldo de peixe, tampe e deixe ferver por 5 minutos. Coloque a farinha de camarão defumado (camarão defumado triturado) e o gengibre. Acrescente o pão sem casca umedecido com leite de coco, mexendo bem. Adicione o xerém (castanha-de-caju e amendoim triturados juntos). Sempre mexendo, acerte o sal com cuidado, pois tanto o bacalhau quanto o camarão já o têm. Decore com camarões grandes à vontade.

Rendimento: 4 porções.

 **IPETÉ (OXUM)**

INGREDIENTES:
1 kg de inhame
2 tomates grandes
1 cebola cortada em rodelas
½ quilo de camarão
sal a gosto

MODO DE FAZER:
Descasque o inhame sob água corrente e cozinhe com água e sal. Passe no espremedor e faça um purê.
À parte, cozinhe os camarões com tomate, cebola e sal. Sirva o purê e o molho em travessas separadas.
Rendimento: 4 porções.

A receita original não leva tomates, que não existiam na África, assim como o acarajé da cozinha sagrada não possui recheio, ou seja, fazem-se adaptações da comida sagrada para a profana de acordo com as preferências das pessoas. Segundo a sacerdotisa Mãe Beata de Logun Édé, trata-se de uma comida sagrada, africana, preparada para a festa do Ipetê, dedicada a Oxum, senhora das águas doces, um dos orixás mais cultuados do Candomblé.

O prato é servido para todas as pessoas, especialmente as mulheres, pois acredita-se que contribui para a fertilidade.

Ao ser feita em casa, perde seu caráter sagrado. A comida, para ser oferenda e sagrada, tem de ser preparada por uma Iabasseê, a cozinheira com treinamento especial para fazer esse tipo de alimento.

Certo que os Orixás comem o que os homens comem, porém, recebem a seus pés, nos terreiros onde os modos de preparar, ao lado dos saberes: palavras de encantamento (fó), rezas (ádùrà), evocações (oriki) e cantigas (orin); ligadas a estórias sagradas (itans), são elementos essenciais e vitais para a transmissão do axé.[2]

São alimentos votivos, preparados ritualmente e oferecidos aos orixás, os quais necessitam de suas vibrações para a manutenção da própria força dinâmica. Algumas comidas são preparadas com a carne dos animais sacrificados ritualmente, outras muitas, como peixe, camarão, verduras, legumes, farinhas, etc., são bem temperadas, levando sal (menos de Oxalá), louro, etc., e algumas ainda levam mel.

A grande maioria das comidas salgadas é feita no azeite de dendê ou frita nele. As comidas votivas proveem, na sua maioria, da culinária africana, algumas conservando-se exatamente iguais, outras sofrendo algumas modificações. Na Umbanda, e mesmo em alguns cultos tradicionais, os orixás comem frutas, as comidas variam muito de culto para culto. De modo geral, porém, as principais estão nos Candomblés (e algumas são adotadas pela Umbanda).

BIBLIOGRAFIA

ANDRADE, H. L. C. de. *A cozinha baiana no restaurante do Pelourinho.* 4ª ed. Salvador: Editora Senac Bahia, 2008.

ALGRANTI, L. M. "Família e vida doméstica". Em SOUZA, Laura de Mello (org.). *História da vida privada no Brasil.* Vol. 2. São Paulo: Companhia das Letras, 1997.

CARNEIRO, Antonio. *Antologia do negro brasileiro.* Rio de Janeiro: Ediouro, 2005.

FERNANDES, C. *Viagem gastronômica através do Brasil.* 7ª ed. São Paulo: Sonia Robatto, 2005.

FRANCO, A. *De caçador a gourmet: uma história da gastronomia.* São Paulo: Editora Senac São Paulo, 2001.

---

2   Vilson Caetano de Souza Junior, *Nagô: a nação de ancestrais itinerantes* (Salvador: Uneb, 2005), p. 71.

Dandá de camarão.
Foto de Carla Pimentel.

Moqueca de caju.
Foto de Carla Pimentel.

Aspectos da exploração artesanal do dendê em Boipeba, Bahia.
Cortes dos cachos em dendezeiro subespontâneo (acima, à esquerda).
Separação do óleo de dendê no sistema denominado rodão (acima, à direita).
Vista da estrutura do rodão (principal equipamento do sistema artesanal de cultura de dendê da Bahia) (abaixo).

Fotos de Emilia G. Fernandes

EXPLORAÇÃO COMERCIAL DO DENDÊ.
Vista de um viveiro de mudas para formação de dendezal de cultura (acima).
Vista de um viveiro de mudas em estágio mais desenvolvido (abaixo).
Fotos de Hermano Peixoto Oliveira

EXPLORAÇÃO COMERCIAL DO DENDÊ.
Mudas prontas para o plantio no campo (acima).
Transporte do dendê proveniente de pequenos produtores (abaixo).
Fotos de Hermano Peixoto Oliveira

Aspecto do sistema primitivo para extração de dendê utilizado na África.
Prensa rudimentar para extração do óleo (acima).
Pilão de madeira de uso compartilhado para esmagamento (digestão) dos frutos do dendê (abaixo).
Fotos de Hermano Peixoto Oliveira

PRÁTICAS NA DENDEICULTURA COLOMBIANA.
Sistema mecanizado de corte e transporte dos cachos (acima, à esquerda).
Debulhador mecanizado dos cachos do dendê (ao fundo, uma prensa hidráulica e uma miniusina) (acima, à direita).
Vista de uma prensa hidráulica utilizada em miniusina (abaixo, à esquerda).
Unidade de incineração de cachos vazios para aproveitamento do P_2O_5 como fertilizante (abaixo, à direita)
Fotos de Hermano Peixoto Oliveira

COLÔMBIA.
Caldeira para geração de vapor em usina de médio porte (aproveitamento de resíduos e geração de vapor) (acima).
Ponto de recepção de dendê proveniente de pequenos produtores independentes (abaixo).
Fotos de Hermano Peixoto Oliveira

DENDEICULTURA.
Procedimento no processo de polinização para melhoramento genético do dendezeiro (acima).
Sistema de teleférico na retirada dos cachos colhidos em dendezal da Costa Rica (abaixo).
Fotos de Hermano Peixoto Oliveira

Vista de uma unidade de transformação de óleo de dendê na Malásia.
Foto de Hermano Peixoto Oliveira

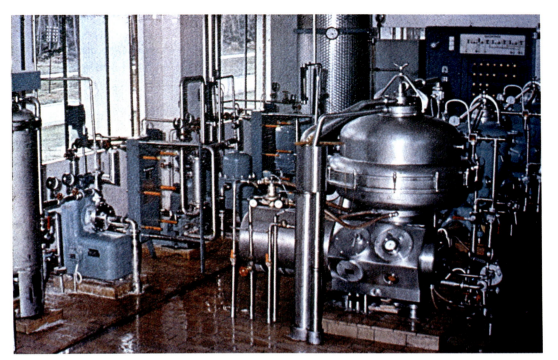

MALÁSIA.
Vista de uma moderna indústria de processamento industrial de óleo de palmiste (acima).
Parte de uma unidade de processamento industrial de óleo de palmiste (abaixo).
Fotos de Hermano Peixoto Oliveira

MALÁSIA.
Interior de uma unidade industrial de refino de óleo do dendê (acima).
Equipamento para separação da estearina bruta (abaixo).
Fotos de Hermano Peixoto Oliveira

Diversos tipos de óleos e derivados de óleo de dendê e de palmiste para a indústria de alimentos.
Fotos de Hermano Peixoto Oliveira

Produtos comestíveis compostos com óleo de dendê (acima, à esquerda).
Utilização de gorduras no preparo doméstico e industrial no campo dos *fast-foods* (acima, à direita, e no centro).
Produtos básicos do dendê: óleo bruto, óleo decantado e estearina branqueada (abaixo).
 Fotos de Hermano Peixoto Oliveira

Experiência com equipamentos simplificados para beneficiamento do dendê em pequena escala (microusina), na Bahia.
Esterilizador basculante aquecido com injeção direta de vapor (acima).
Prensa de parafuso para produção em escala doméstica (abaixo).
Fotos de Hermano Peixoto Oliveira

Experiência com equipamentos simplificados para beneficiamento do dendê em pequena escala (microusina), na Bahia.
Debulhador rotativo em processo de fabricação (acima).
Clarificador e desumidificador do óleo (abaixo).
Fotos de Hermano Peixoto Oliveira

Outras receitas

 ABENKWAN (ENSOPADO COM POLPA DE DENDÊ)
(receita típica da Costa do Marfim)

Ingredientes:
4 caranguejos
1 pé suíno salgado
½ xícara (chá) de água gelada
1 kg de costeleta de cordeiro em pedaços médios
1 xícara (chá) de água fervente
1 kg de pescada branca em filés
2 cebolas picadas
3 tomates picados, sem pele
4 cogumelos portobello lavados e escorridos
3 pimentas-malaguetas moídas
750 g de polpa de dendê
2 colheres (sopa) de manteiga
sal a gosto

Modo de fazer:
Limpe bem os caranguejos, eliminando as vísceras e lavando com uma escovinha. Depois de limpos, corte-os em pedaços e reserve. Coloque em uma panela grande a manteiga, as costeletas de cordeiro e o pé suíno cortado em pedaços. Adicione sal. Coloque as cebolas e frite-as em fogo alto, mexendo constantemente, até que as carnes estejam seladas. Adicione os tomates e a água gelada, reduza o fogo e continue fervendo por 10 a 15 minutos.

Em uma tigela grande, combine a polpa de dendê com a água fervente, utilizando um batedor de claras até formar um creme liso. Adicione à mistura de carnes, junto com as pimentas-malaguetas, os cogumelos e os caranguejos. Deixe cozinhar em fogo médio por 40 minutos a 1 hora, mexendo apenas ocasionalmente para que não grude no fundo da panela.

Prepare os filés de pescada removendo as espinhas. Adicione o peixe ao ensopado, inteiro ou em pedaços, durante os últimos 20 minutos de cozimento. Tome cuidado para não cozinhar demais. Colocadas todas as carnes, continue cozinhando até que fiquem tenras.

Sirva bem quente.

Rendimento: 4 porções.

 ## ACARAJÉ

Ingredientes:
1 litro de azeite de dendê para fritar
1 colher (sobremesa) de sal
1 dente de alho
1 colher (chá) de gengibre ralado
300 g de cebola em pedaços
1 kg de feijão fradinho quebrado

Camarão para acarajé:
1 xícara (chá) de caldo de peixe ou de camarão
coentro a gosto
½ xícara (chá) de azeite de dendê
100 g de camarão seco defumado, sem cabeça
1 cebola picada em pedaços bem pequenos

Modo de fazer:
Numa bacia grande, coloque o feijão e lave várias vezes, até sair toda a casca. A seguir, deixe de molho por 3 horas. Escorra o feijão, coloque no liquidificador, junte a cebola, o gengibre, o alho e o sal e bata até obter uma pasta. Antes de fritar, bata novamente a pasta com uma colher, até ficar bem fofinha. Numa panela grande, aqueça bem o azeite de dendê. Com a ajuda de duas colheres, molde os bolinhos e frite-os no azeite. Sirva-os recheados com camarão ou com os recheios à parte.

Camarão para acarajé:
Numa panela, coloque todos os ingredientes e misture. Leve ao fogo e refogue por 3 minutos.
Rendimento: 4 porções.

ARROZ DE POLVO À ITAIPUAÇU

INGREDIENTES:
1 polvo de aproximadamente 1,5 kg, limpo e picado em pedaços não muito pequenos
500 g de arroz
100 g de banha
azeite de oliva
1 cebola média
4 dentes de alho picado
1 colher (sopa) de vinagre
1 ramo de cheiro-verde picado
sal a gosto
1 vidro pequeno de leite de coco
1 colher (sopa) de azeite de dendê
pimenta dedo-de-moça a gosto
azeitonas
1 ramo de salsa
brócolis

MODO DE FAZER:
Refogue no azeite a cebola, o alho e a banha. Quando a cebola estiver transparente e começar a estalar (na fritura), adicione o cheiro-verde e a pimenta. Assim que voltar a fritar, adicione o vinagre e o polvo. Deixe cozinhar por 15 minutos.

Tempere com sal e adicione um pouco de água fervente. Deixe cozinhar lentamente até que o polvo fique macio. Engrosse o caldo, colocando o leite de coco e o dendê. Se preferir, adicione mais pimenta e acerte o sal. Coloque o arroz e deixe cozinhar por 5 minutos.

Em seguida, leve ao forno por mais 15 minutos, ou até que o arroz fique cozido (deve restar um pouquinho de caldo). Retire do forno, enfeite com azeitonas, salsa e brócolis. Sirva em seguida.

Rendimento: 6 porções.

BOBÓ DE CAMARÃO CATARINENSE

INGREDIENTES:
1 kg de camarão descascado
½ kg de aipim cozido e amassado
500 ml de leite de coco
50 ml de azeite de dendê
50 ml de azeite de oliva
4 dentes de alho amassados
2 cebolas cortadas em cubos pequenos
2 tomates cortados em cubos pequenos
1 maço de salsinha e cebolinha
sal e pimenta a gosto

MODO DE FAZER:
Em uma panela grande coloque o azeite de dendê, o alho, a cebola e o tomate. Espere dourar e acrescente o azeite de oliva. Em seguida, acrescente os camarões, já previamente temperados com sal e pimenta, e dê um leve cozimento.
Acrescente a salsinha, a cebolinha e, em seguida, o leite de coco e o purê de aipim. Misture bem e acerte o sal.
Rendimento: 6 porções.

 **BOBÓ FRITO**

Ingredientes:
50 ml de azeite de dendê
2 peitos de frango (cerca de 500 g)
sal a gosto
pimenta-do-reino a gosto
1 cebola picada
2 dentes de alho picados
½ pimentão verde
½ pimentão vermelho
½ pimentão amarelo
2 tomates
1 tablete de caldo de frango
200 ml de leite de coco
pimenta vermelha picada, a gosto
220 g de farinha de tapioca
coentro e cheiro-verde picados, a gosto
farinha de rosca ou farinha de mandioca crua
3 ovos
óleo suficiente para fritar sob imersão

Modo de fazer:
Numa panela, em fogo médio, aqueça o azeite de dendê e acrescente os peitos de frango cortados em cubinhos (temperados com sal e pimenta-do-reino), a cebola, os dentes de alho picados, os pimentões e os tomates cortados em cubinhos. Refogue por 10 a 15 minutos. (Dica: é possível trocar o frango por camarão-de-sete-barbas, filé de peixe ou legumes.)
Adicione o tablete de caldo de frango, dissolvido em 200 ml de água, o leite de coco, sal e pimenta vermelha a gosto. Deixe ferver. Aos poucos polvilhe a farinha de tapioca até engrossar (mais ou menos 5 minutos), mexendo sempre para não empelotar. Salpique coentro e cheiro-verde a gosto.

Numa assadeira untada, despeje a mistura e deixe esfriar. Depois leve para a geladeira por 2 horas a fim de firmar o creme e ser possível cortá-lo.

Depois de frio, corte em cubos ou no formato que desejar. Passe os cubos na farinha de rosca (ou na farinha de mandioca crua), nos ovos ligeiramente batidos e misturados com 50 ml de água e, novamente, na farinha de rosca (ou na farinha de mandioca crua).

Frite os cubos, sob imersão, em óleo em fogo médio alto (160 °C) e sirva a seguir com um bom molho de pimenta.

Rendimento: 4 porções.

CALDO DE SIRI DO CRUSTÁCEO DA MANGUAÇA

INGREDIENTES:

3 kg de tomates vermelhos
1 pimentão verde
1 pimentão vermelho
1 pimentão amarelo
1 kg de cebola
4 cabeças de alho (reserve 2 para o dendê)
5 kg de siri
azeite de dendê
1 vidro grande de leite de coco
cebolinha picada
cheiro-verde picado
sal a gosto

MODO DE FAZER:

Numa panela coloque os tomates picados em quatro, os pimentões, a cebola e 2 cabeças de alho. Deixe-os cozinhando até que tudo fique bem macio, o que pode levar horas. Depois de frio, passe tudo no liquidificador.

Ponha o dendê para aquecer e acrescente 2 cabeças de alho socado. Acrescente o molho feito no liquidificador, o leite de coco, água, os temperos de sua escolha e deixe ferver.

Acrescente o siri e deixe por mais 30 minutos. À parte, adicione cebolinha e cheiro-verde a gosto.

Rendimento: 10 porções.

CARURU DE QUIABO COM CAMARÃO

Ingredientes:
40 quiabos lavados e cortados em rodelas
1 xícara (chá) de farinha de rosca
300 g de camarão seco, lavado e refogado
alho a gosto
3 colheres (sopa) de azeite de oliva
2 cebolas picadas
1 pimentão picado
azeite de dendê

Modo de fazer:
Cozinhe os quiabos em pouca água e azeite de oliva. Bata com uma colher de pau para que fique bem amassadinho. Quando estiver bem cozido, ficará uma sopa bem líquida. Acrescente o camarão refogado no azeite de dendê, alho, a cebola, o pimentão e deixe ferver mais um pouco. Adicione a farinha e deixe engrossar, fervendo bem.
Rendimento: 4 porções.

ESCABECHE DE SURUBIM (TÍPICO DA AMAZÔNIA)

Ingredientes:
1 surubim de aproximadamente 1 kg, com pele
1 cebola média cortada em cubinhos
2 tomates médios cortados em cubinhos
1 maço de cheiro-verde
farinha de trigo
10 pimentas-de-cheiro
200 ml de leite de coco
2 colheres (sopa) de azeite de dendê
4 colheres (sopa) de extrato de tomate
4 colheres (sopa) de amido de milho
2 limões
sal a gosto

Modo de fazer:
Limpe o surubim, corte-o em postas (rodelas) e deixe-o em uma vasilha com sal e limão. Deixe-o em repouso enquanto prepara o molho que o cobrirá após a fritura.
Refogue a cebola, o tomate e a pimenta-de-cheiro com 2 colheres de azeite de dendê. Acrescente o extrato de tomate e o leite de coco. Misture o amido em 200 ml de água e despeje-o no refogado, mexendo até ficar com consistência de creme. Acerte o sal e reserve.
Empane as postas com a farinha de trigo e frite. Arrume em uma travessa e jogue o molho por cima, salpicando com cheiro-verde.
Rendimento: 4 porções.

FAROFA DE DENDÊ

Ingredientes:
3 xícaras (chá) de farinha de mandioca fina
coentro a gosto
pimenta-do-reino a gosto
sal a gosto
½ cebola picada
¾ xícara (chá) de azeite de dendê
½ xícara (chá) de camarão seco, limpo

Modo de fazer:
Refogue a cebola picada com o azeite de dendê. Adicione os camarões e a farinha e cozinhe por 3 minutos. Tempere com coentro, pimenta-do-reino e sal e sirva.
Rendimento: 4 porções.

FRANGO COM LEITE DE COCO E DENDÊ

INGREDIENTES:
1 kg de filé de frango cortado em cubos pequenos
alho a gosto
sal a gosto
pimenta-do-reino a gosto
ervas a gosto
suco de 1 limão
2 cebolas cortadas em fatias finas
2 colheres de sopa de azeite de dendê
2 colheres de sopa de azeite de oliva
1 vidro de leite de coco pequeno

MODO DE FAZER:
Tempere o frango com alho, sal, pimenta, ervas e limão e deixe descansar por pelo menos 2 horas. Em uma panela coloque os azeites (de dendê e de oliva), frite a cebola e depois o frango. Junte o leite de coco e aqueça. Sirva com arroz branco e cuscuz de legumes.
Rendimento: 4 porções.

PESCADA AMARELA EM CROSTA DE CASTANHA DE CAJU COM CARURU, PURÊ DE BANANA-DA-TERRA E BLEND DE ARROZ SELVAGEM

(receita do *chef* Edinho Engel, restaurante Amado, Salvador)

INGREDIENTES:
800 g de filé de pescada amarela
sal a gosto
pimenta-do-reino a gosto
150 g de castanha de caju torrada
1 colher (sopa) de manteiga com sal
1 colher (sobremesa) de farinha de pão
3 bananas-da-terra maduras
250 g de quiabo
2 cebolas pequenas
150 g de camarão seco
50 g de castanha de caju
50 g de amendoim
2 colheres (sopa) de azeite de dendê
200 ml de leite de coco fresco
1 xícara (chá) de caldo de peixe
raspa de gengibre (opcional)
1 xícara (chá) de arroz selvagem
1 xícara (chá) de arroz branco
1 colher (sopa) de óleo de milho
1 dente de alho picado

MODO DE FAZER:
Corte o quiabo em cubinhos bem pequenos. Preste atenção para que estejam bem secos. Reserve. Bata no liquidificador o camarão seco com o amendoim e a castanha de caju. Reserve.
Refogue a cebola ralada no dendê, junte o quiabo e mexa por uns 5 minutos para liberar a baba (se não quiser a baba, adicione um pouquinho de vinagre). Acrescente o camarão seco batido com amen-

doim e castanha de caju (chamado na Bahia de "sangue de negro") e refogue um pouco mais. Acrescente o caldo de peixe à medida que for secando. Adicione gengibre ralado e leite de coco e ferva até adquirir a consistência desejada. Reserve.

Lave bem o arroz branco e deixe secar. Refogue o alho no óleo de milho, acrescente o arroz, refogue um pouco e adicione água em quantidade suficiente para cobri-lo. Salgue. Deixe ferver e abaixe o fogo, mantenha a panela tampada até que o arroz fique pronto. Em outra panela, cozinhe o arroz selvagem com uma cebola pequena em 4 xícaras de água. Quando estiver pronto, desligue e misture ao arroz branco.

Cozinhe as bananas, com casca, em água abundante por 50 minutos. Amasse ainda quente e acrescente, se necessário, um pouco da água do cozimento. Forme um purê e reserve.

Prepare a crosta, misturando a manteiga à castanha de caju torrada e à farinha de pão. Tempere os filés com sal e pimenta-do-reino, grelhe-os em uma frigideira antiaderente até que estejam ao ponto, de 3 a 6 minutos de cada lado (dependendo da altura do peixe). Retire-os do fogo, disponha a crosta e leve-os a gratinar em uma salamandra até que fiquem dourados. Retire-os e inicie a montagem.

Disponha no centro do prato 1 colher (sopa) do purê de banana-da-terra. Acima disponha o peixe. Ao redor, coloque o caruru e o blend de arroz selvagem.

Rendimento: 4 porções

# QUIABO NO DENDÊ

Ingredientes:
1 cebola média picada
2 colheres (sopa) de azeite de dendê
600 g de quiabo lavado, enxuto e cortado em pedacinhos
¼ xícara (chá) de amendoim torrado e moído, sem casca
¼ xícara (chá) de castanha de caju torrada e moída
1 xícara (chá) de leite de coco
1 colher (chá) de gengibre moído
1 xícara (chá) de água
2 colheres (sopa) de suco de limão
500 g de camarão, pesado com casca, limpo e cortado
sal e pimenta-malagueta a gosto

Modo de fazer:
Leve ao micro-ondas, num refratário de 26 cm de diâmetro, o dendê e a cebola. Cozinhe por 2 minutos em potência alta e misture. Acrescente o quiabo, o amendoim e a castanha e mexa. Junte o leite de coco misturado com gengibre, água e suco de limão. Cozinhe em potência alta por 10 minutos. Acrescente o camarão e tempere com sal e pimenta-malagueta. Misture e leve ao forno em potência alta por 3 minutos. Sirva com arroz branco.
Rendimento: 4 porções.

 **SIRI NO DENDÊ**

Ingredientes:
500 g de carne de siri
6 dentes de alho
2 cebolas grandes
2 pimentas dedo-de-moça, sem sementes
½ pimentão amarelo ou vermelho
½ vidro de azeite de dendê
4 colheres (sopa) de farinha de rosca
1 vidro de leite de coco
½ maço de tempero verde
1 pitada de estragão fresco ou seco
1 pitada de manjericão fresco ou seco
2 tabletes de caldo de camarão
2 tomates italianos sem sementes
queijo ralado a gosto

Modo de fazer:
Refogue o alho, a cebola, a pimenta dedo-de-moça e o pimentão no azeite de dendê. Acrescente o tomate, os tabletes de caldo de camarão, o tempero verde, o estragão e o manjericão. Quando o tomate ficar desidratado, acrescente o leite de coco e deixe no fogo por uns 10 minutos. Depois, acrescente 3 colheres de farinha de rosca e mexa por cerca de 1 minuto. Reserve.
Unte uma assadeira, coloque a mistura e os siris, pulverize com o restante da farinha de rosca e o queijo ralado e leve ao forno para gratinar.
Rendimento: 4 porções.

Sobre os autores

BETO PIMENTEL Baiano, *chef* de cozinha, dono do restaurante Paraíso Tropical, em Salvador. Formado em agronomia, iniciou o curso de química alimentar e fez vários cursos ligados à área de apicultura e piscicultura, além de entender bastante sobre fruticultura. Mantém uma chácara destinada ao cultivo de horta orgânica, com um pomar que conta com 137 variedades de frutas e mais de 40 mil pés plantados, onde é possivel encontrar frutas típicas de várias regiões diferentes do país e do mundo. Hoje, Beto é muito prestigiado, e sua filosofia de cozinhar apenas com alimentos naturais o leva a vários países como representante do Brasil a convite do Itamaraty.

DEUSDÉLIA TEIXEIRA DE ALMEIDA Baiana de Salvador, nutricionista, mestre em ciência e engenharia de alimentos e doutora em ciência e tecnologia de alimentos, ambos pela Universidade de Valência, Espanha. É professora do Departamento de Ciência dos Alimentos, do curso de nutrição da Universidade Federal da Bahia (UFBA), atuando na área de técnica dietética.

ELMO ALVES Elmo Alves Silva, baiano de Salvador. Graduado em história pela Universidade Católica do Salvador (UCSal), estudioso da cultura e gastronomia baianas e de suas vertentes religiosa, de subsistência e sertaneja. Adepto do Candomblé, valoriza essa influência na gastronomia baiana. É instrutor do Senac Bahia há vários anos, além de palestrante e professor de história da alimentação. Participante de vários festivais gastronômicos, feiras, exposições e concursos no Brasil e no exterior (como o festival de gastronomia brasileira em Portugal em 2004 e 2005). Desenvolve trabalhos de estudo e pesquisa sobre a relação da comensalidade e da "mesa" com as práticas sociais.

HERMANO PEIXOTO OLIVEIRA Baiano de Salvador, graduado em biologia pela Faculdade Católica de Filosofia da Bahia, com especialização em microbiologia. Pesquisador do Centro de Pesquisa e Desenvolvimento da Bahia, iniciou seu trabalho sobre dendê em 1971. Participou da Rede Latino-Americana de Palma Aceiteira (FAO), realizando trabalhos em países da América Latina e Caribe. Realizou também projetos na Malásia e em países africanos, como Guiné-Bissau e Nigéria, tendo como foco o dendê. Principais publicações: *Óleos vegetais: produção e uso automotivo no meio rural, Usos no alimenticio: una opción factible para el aceite de palma, Papel do óleo de palma na solução dos problemas de baixo consumo calórico na América Latina e a saúde humana.*

LIGIA AMPARO DA SILVA SANTOS Baiana de Salvador, graduada em educação física pela UCSal e em nutrição pela UFBA, mestre em educação médica pela Universidade de Dundee e doutora em ciências sociais, com concentração em antropologia, pela Pontifícia Universidade Católica de São Paulo (PUC-SP). É professora adjunta da Escola de Nutrição da UFBA e coordena o Núcleo de Estudos e Pesquisas em Alimentação e Cultura da mesma instituição, desenvolvendo investigações no campo da socioantropologia da alimentação, alimentação e cultura, com foco na modernidade alimentar. É também autora do livro *O corpo, o comer e a comida: um estudo sobre as práticas corporais e alimentares no mundo contemporâneo.*

LUIS DOMINGOS Baiano, Obá de Xangô do Ilê Axé Opô Afonjá, em Salvador, é detentor de importante cargo religioso para as tradições iorubá no Brasil. Sua iniciação se deu com a famosa ialorixá Mãe Senhora. Herdeiro e continuador do tradicional restaurante Maria de São Pedro (Mercado Modelo), onde preserva conhecimentos e receitas originais da cozinha afrobaiana transmitidos por sua mãe, Maria de São Pedro. Dedicou-se também à música popular brasileira como intérprete.

RAUL LODY Carioca, antropólogo e museólogo. Criador e curador do Museu da Gastronomia Baiana (Senac Bahia, 2006), museu pioneiro na América Latina. Representante do Brasil na Comissão Internacional sobre Antropologia da Alimentação (International Commission on the Anthropology of Food). Criador e coordenador do Grupo de Antropologia da Alimentação Brasileira (Fundação Gilberto Freyre). Integra o Observatório das Cozinhas Tradicionais do Mundo (Unesco) e o grupo Gastronomia e Patrimônio (Puebla, México, Unesco). Ganhador do Gourmand World Cookbook Awards, em 2006, na categoria Tema Único, como o melhor do mundo, com o livro *Culinária caprina: do alto sertão à alta gastronomia* (Senac Nacional), e, em 2008, como melhor literatura em gastronomia do Brasil, com *Brasil bom de boca: temas da antropologia da alimentação* (Editora Senac São Paulo). Em 2009, seu livro *Santo também come*, prefaciado por Gilberto Freyre, completa trinta anos.